U0942212

汤王山的故事

中共闻喜县委宣传部 编

图书在版编目（CIP）数据

汤王山的故事 / 中共闻喜县委宣传部编 . -- 北京 : 中国发展出版社 , 2019.1

ISBN 978-7-5177-1004-2

Ⅰ . ①汤… Ⅱ . ①中… Ⅲ . ①山—地方史—闻喜县 Ⅳ . ① K928.3

中国版本图书馆 CIP 数据核字（2019）第 083420 号

书　　名：汤王山的故事
著作责任者：中共闻喜县委宣传部
出 版 发 行：中国发展出版社
（北京市西城区百万庄大街 16 号 8 层 100037）
标 准 书 号：ISBN 978-7-5177-1004-2
经　销　者：各地新华书店
印　刷　者：北京市密东印刷有限公司
开　　本：787mm × 1092mm 1/16
印　　张：13
字　　数：253 千字
版　　次：2019 年 6 月第 1 版
印　　次：2019 年 6 月第 1 次印刷
定　　价：69.00 元

联 系 电 话：（010）88919581 68990692
购 书 热 线：（010）68990682 68990686
网 络 订 购：http : //zgfzcbs.tmall.com
网 购 电 话：（010）88333349 68990639
本 社 网 址：http : //www.develpress.com.cn
电 子 邮 件：370118561@qq.com

《汤王山的故事》编委会

序

闻喜县委常委、宣传部部长　吴引群

“文化强县”建设标志着我国文明程度的进步和民众文化素质的提高。随着小康家庭的普及和家庭资产的累积，外出旅游成了消费者的主要消费渠道和大众“陶冶自身情操、抬升个人品位”的首选，因此“旅游创收”就成了各地政府GDP的一个主要来源。在大力提倡“绿色收入”的今天，开发本土文化资源的工程遍及全国。具体到我们闻喜，因地处孕育了尧、舜、禹、汤的古中国，我们脚下的厚土渗透了古文化的乳汁，汤王山就是其中的一块。这块土地遍布着商汤灭夏、推动历史前进的车轮辙印，更兼西晋郭璞著书于此，他开创的“游仙诗体”风流千年，因此，汤王山不光是游客朝圣的历史山，还成了一座令人神往的文化山。开国领袖毛泽东曾用这座文化山上的“游仙诗体”作“游仙”一首——“我失骄杨君失柳”。而我县报告文学《沧桑嬗变六十年》产生于汤王山木岔村，并摘取“赵树理文学奖”的桂冠，更是给这座古老的文化山增添了新的人文光芒。《沧桑嬗变六十年》用“以丑写美、以偏求正”的“偏丑之笔”开创的“峨嵋岭文学流派”得到中国报告文学学会和“赵树理

文学奖”评奖委员会的认可和肯定，这就形成了吸引游客的新亮点，为汤王山的开发增添了新时代的新风采和新文化的新魅力。令人神往的是，古今两个“文学流派”产生在一座山上。

对汤王山的故事收集最多、对汤王山的历史了解最深的是白家滩的范玉良先生。范老先生被称为“义务导游”，他给汤王山“义务导游”了几十年，不光广大游客——可以说闻喜县的各届和各级领导，都得过他的义务导游服务，几十年如一日，真是难能可贵。他为游客做导游的同时，也将汤王山的故事讲解给游客听。很多人把他的故事反映到宣传部，遂使部委会作出整理出版范玉良《汤王山的故事》这本册子的决定。旅游强县，软件先行，我县开发汤王山的蓝图已经绘就，范老先生这本充满才气和智慧的册子，在旅游强县工程建设中一定能发挥出它的助推作用。

故事吸引游客，游客演义故事，正所谓地以文传、文以地传。这本小册子将会与高大的汤王山一起，天然亲和地带着绿色GDP，驰名于无限。

是为序。

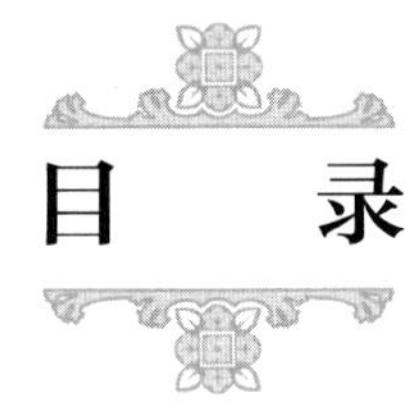

目　录

故事传说

文学锦集

红色人文

史料摘选

故事传说

汤王山的传说

（一）

夏末的国君桀暴虐无道，百姓切齿痛恨，纷纷投奔殷国的汤。汤率千军，一鼓作气将桀追至鸣条岗上将其活捉，推翻夏朝，建了商朝。

不曾想，汤得天下后，一连 7 年大旱。汤王心急如焚，问计群臣。巫卜说："除非以人作牺牲（祭品），老天才会下雨。"汤王便决定牺牲自己以挽救天下百姓。他将自己周身捆上茅草，然后登上高高的干柴堆，命人点火，霎时烈焰腾空。眼看着汤王要被烧死，忽然大雨倾盆而下，烈焰熄灭。人民欢呼雀跃，奔走相告。后来，为了纪念汤王的丰功伟绩，人们将境内最高的山峰命名为汤王山，正所谓高山仰止。

（二）

洪荒远古之时，汤上中条山结寨为王，率领百姓披荆斩棘，垦荒种地，换得风调雨顺。百姓安居乐业，天下民众，甚是拥戴。

一日，远方开来一支人马，烧杀掳掠，所到之处，百姓尽数遭殃。汤派大将商虎与之交战，酣战之中，商虎中箭身亡。汤王悲恸，劝百姓离开自己，各奔前程，但百姓不离条山汤寨。汤遂率百姓持耒而战，终因众寡悬殊，饮刃阵上。百姓缅怀汤王，就在景山之巅建了汤王庙，在半山建了将军庙、饮马池等以示纪念。

当年，汤王关心百姓疾苦，有求必应。如今，每到大旱之年，百姓便成群结队赶赴汤王山祈雨，很灵验呢！

（三）

汤王庙西南半里远处，有一山洞，一百丈深浅，半人多高，两头均可进出，当地人称“神仙洞”。相传，在许多年以前，木盆村有个放羊娃，赶着羊群来到山洞，见两个须眉老人正在对弈，石桌上放着两个鲜艳大桃。两个老者只管下棋，头也不抬，只推过一桃让他吃了。那娃看了一局，老者说：“不早了，你该回家了。”放羊娃赶着羊群往回走。说来奇怪，往日回家，山高路远，至少也得半个时辰，今日没走几步，家门已在眼前。他走进家院，看见去时小树们还是很幼小的，如今都长高了许多；尚在母亲怀里吃奶的弟弟如今长大了；还没订婚的姐姐也已出嫁了。原来一眨眼的工夫，人间竟过了好些年。

（四）

汤王庙西南有块巨石，状如牛拉车，人们站在很远的地方都能看得见。

很早以前，有个人赶着牛车去木盆岭，到横榆村时天已黑了。牛困人乏，饥肠辘辘。这时有个青年夜里回家，赶车人说："请你给牛添草，请你给人进食吧！"青年便将那牛牵到槽上喂草，又将车夫请到灶上吃饭。饭饱之后，那车夫又说："请你帮我把车赶到木盆岭吧。"那青年点头，便帮他赶车。

青年赶着车，用鞭杆在牛头上敲了一下，不慎碰断了牛角，那青年顺手将断角拾起，装在身上。那牛的断角处，鲜血嘀嘀，滴了一路。到了木盆岭，那青年向郎中买了一钱"红药"，给牛敷上，便辞别回家了。次日起床一看，那牛角却变成了一块金子。这就怪了，他走到夜里赶车的地方，原来那嘀嘀牛血，都落地成金，他往木盆岭走了一路，拾了一路。到了木盆岭，要把金子还给牛的主人，却找不见那头牛和赶车的人了。他怅然远望，却看到山头上却忽地生出了"牛拉车"！那牛，那车，正是昨夜的牛和车啊——原来那是头神牛，原来那车夫是个神人，那神人要把财宝送给善良的人。

后来，这位善良的青年便成了汤王山里的一个大财主，那大财主为百姓办了许多大善事。

姑姑庵的传说

汤王山半有一片石头古建筑群，今虽败坏不堪，但其仙名犹存，唤作姑姑庵。庵里住着三位仙姑，乃何氏三姐妹，家住礼元昙泉村，芳名唤作桃花、杏花、梨花。

三位姑娘貌若其名，名若其人，人若菩萨，善若河水，言谈举止若春风一般，各个胸中藏文章千卷，身上怀刀剑绝技，通历法，知天文，能与风雨对话，故此，上门求亲者络绎不绝。三位姑娘有言在先：唯天下英雄而嫁，非天下豪杰莫娶。为避红尘之扰，她们欲寻一名山，修文习武。

三位姑姑遍观尧舜之地，览尽千山万水，认定中条山深处的景山是可居之地，遂到此处开荒种地，凿石起庵，垒起祭坛，天下百姓，求风给风，求雨得雨。后来汤王搬兵景山，闻知仙姑芳名，便来求亲，紫金山龙王、侯马沟西龙王闻知，亦来求亲。大姑娘桃花说，你们哪一位能给我捉来三条龙、三只凤，我便嫁给谁；二姑娘杏花说，你们三位谁能给我摘来两盘金银、三斗玛瑙，我便嫁给谁；三姑娘梨花说，你们三位谁能给我端来天上的一轮明月、浩瀚银河、万颗星辰，我便嫁给谁。并约定三家礼物要在八月十五月圆之时送到。

八月十五月圆之时，三王依约而至。只见汤王拿出三条曲蟮、三颗凤尾草，说曲蟮者地龙也，凤尾草乃凤凰也。桃花姑娘低头应允。紫金山龙王端来两盘黍米、三斗高粱，说黄澄澄的是金，白花花的是银，红彤彤的是玛瑙。二姑娘杏花默然应允。侯马沟西龙王端来一盆泉水——十五之夜，满月行空，一天星斗，皆在其中，端的是明月银河，满天星斗。三姑娘梨花喜在心中。从此汤王与紫金山龙王、侯马沟西龙王成了连襟兄弟，他们助汤败桀，推夏立商，勋业如山，后人便改景山为汤王山。这便是汤王山山名的由来。礼元昙泉村人怀念他们的三位姑姑，每年三月三，烧高香，抬牲礼，穿黄衣，鸣鞭炮，抬三乘大轿，迎三位老姑回娘家受礼，宴摆八桌，戏唱三天。昙泉村有“何门旧址”，至今遗迹犹存。

姑姑庵有奇石一块，上刻心形图一副，内有柳枝一根、柳叶六片，不可译解。20 世纪初，一云游和尚说那不是图，那是字，是一个“术可偷天”的字，世人谁能读破那个字，就能找到汤王山的金钥匙——那钥匙是万能的。

2002 年 3 月 16 日，山西电视台《人说山西好风光》栏目组来到汤王山，将此景录制成“风光旅游”片播放于山西电视台，以求解答；2015 年夏，北京中科院国家博物馆来人剖析论证，尚无结论；2016 年国庆节，运城电视台记者吕欣丹录此异景并播放于《第一时间》；闻喜电视台记者冯培华亦录取播放于《桐乡大看台》栏目；县摄影协会主席刘保平将其摄取展览，但至今无人能破其锁钥。

姑姑庵故事亲历记

2002年古历六月二十一日（阳历7月22日），昙泉村人上汤王山祈雨并请三位老姑回娘家赴会受礼。这天早上八时许，昙泉九个人，着古装，背锣鼓，头戴柳条帽，一条桑木担挑着一对大葫芦，先到山顶汤王庙祭拜他们的老姑夫汤王爷，然后下到半山姑姑庵祭请三位老姑回娘家赴庙会，要老姑与儿孙同乐，求老姑顺便给咱家带一场好雨。他们十点下山，主事人支和顺、赵得理催促大家走快点，要不就给淋到半路了。他俩说小时候常随老辈们祈雨，从不落空，因昙泉路远，所以车上带着雨伞、雨衣。

他们走后，笔者为验证此事，格外留心。当天下午四时，果然降雨一场。笔者从此信以为真。《昙泉村志》有民谣云："天是一样天，下雨偏昙泉；水从行村走，漫了胡村滩。""偏"——就是三位老姑偏心才形成这一独特的"爱子"奇观。因为昙泉多雨，所以昙泉自古被誉为"水围城"。

三仙姑的传说

关于昙泉三仙姑的传说，版本不同，说法不一。据《昙泉村志》载，昙泉村何家胡同有一何姓人家，三个女儿，如花似玉，坐在炕上飞针走线。忽一日，一阵黄风将三个女儿卷走，炕上所遗的那三个红线团在飞速旋转，只见三根红线伸出窗外，分三个方向向远方伸去，村民分作三路，顺线去找。南路的走到山底、爱里、核桃耙，顺红线上了汤王山，在山顶的汤王庙里找到了大女儿；东路的顺红线上了李家山，在山头的龙王庙里找到了二女儿；西路的顺红线走到西北斗龙沟的龙王庙，在庙里找到三女儿。大女儿由王母娘娘做媒与汤王山上的汤王爷结了亲；二女儿由太上老君做媒与李家山龙王庙里的龙王结了亲；三女儿由玄天真元子做媒与斗龙沟里的龙王结了亲。昙泉人把三个女儿接回来，三个女儿回娘家时给娘家村带回一场好雨，那一天是农历六月二十四。从此，每逢六月二十四，昙泉人都请他们的姑娘回来，而姑娘回娘家必带一场好雨为礼，遂有民谣曰："天是一样天，下雨偏昙泉。"原来何氏姐妹乃天上神女，非人间凡人，昙泉人遂唤她们为神姑。从此，人们把这三位神姑供奉在村里的"全神庙"里，每年六月二十四日唱戏三天，让三位神姑与子孙同乐。此俗延续至今。

中条山九龙壁

汤王爷来到中条山的毛沟，见大石壁上有九条龙。可是山神告诉他是十条龙，汤王爷数一遍不对，数两遍还不对。山神哈哈大笑说，把你自己数上不就对了吗？您是咱中华民族的一盘龙！

毛沟大石壁上的九盘龙至今犹在，有黄、白、黑、青、紫几种颜色，形态各异，栩栩如生。闻喜县摄影协会主席刘保平将其拍成照片，登上各大报刊。这九盘龙是风雨剥蚀形成的，乃是大自然的杰作，没有丝毫的人为雕饰，形成独特的自然人文景观，这是一宝。此宝为我中条山所独有。

昙泉老辈祈雨

昙泉老辈们祈雨与现在不同，他们的诚心令人感动。他们祈雨都光着脚，赤着背，不吃饭，戴上柳条帽，抬上牲礼三口，担上水葫芦，拄上柳木棍就起身了。第一天，“祈雨队”赶天擦黑来到核桃耙，住一夜。核桃耙人得管一顿好饭，第二天才到汤王山。来到汤王庙，对着老姑父的塑像念一道表，那表叫《孤哀子哭牺慌表》，把孤哀子们的牺慌诉说一遍，然后哗哗啦啦跪倒一片，族长爬到老姑父膝下，搂住老姑父的双脚开始“哭牺慌”，直到哭得糊涂过去；众后生将“糊涂族长”抬下山，抬到老姑修行的姑姑庵，那里有个金马泉，将水葫芦按进泉里灌满水，就担着葫芦、抬着“糊涂族长”下山了，赶天擦黑歇到爱里村。爱里人也得管咱一顿好饭——他管咱十成饭，咱给他分十成雨；他管咱八成饭，咱只分八成雨给他，所以没有不管十成饭的。因为饭好，祈雨的人就多；因为有人管饭，所以他们起身时都不吃饭。昙泉人也大方，总是多分几成雨给他们，所以不管“祈雨队”歇到哪个村，他们给昙泉人端的碗总是老粗瓷大汉碗，碗里总是稠稠的、满满的。祈雨队离昙泉村还有七八里，全村人就敲锣打鼓到沟南塬上去“接雨”，接到村泊池岸边“全神庙”的“拜厅”上，将雨葫芦往拜厅的“拜石”上一摆，先打三通“接雨鼓”，而后按辈分品级，一茬一茬来磕头，这叫“团拜”，只限男丁，女人不上事面。每逢“接雨”天，昙泉村就“逢雨会”，泊池

岸一圈就成了市。泊池北岸是卖犁、耧、锄、耙、锨、镢、镰、钩斗马眼的；泊池南岸是卖皮革、后遒、鞭穗、小鞍、搭腰、套项、牛皮排绳的；泊池东岸是卖编织品的，有荆编的、有柳编的、有篾编的——油篓、背篓、筛筛、簸箕、荆筐、翻斗、牛愁、柳篮、柳罐、斗圆、炕席、麦囤、窗帘；泊池西岸是卖饭的，炸油糕的、烙旋的、烤火烧的。老婆们有卖老虎褥褥的、有卖老虎帽帽的、有卖老虎孩孩（鞋鞋）的。不管卖啥的，都拿着草帽、雨伞或是蓑衣，防备让雨淋了。

拜完之后，开始“承雨”，家家户户在院里摆好瓢盆勺罐，烧香三柱——说来奇怪，真的有雨，这就是昙泉人常卖拍的：“咱昙泉人祈雨，十求九不空！”

一件真事

2009年古历六月二十一（阳历8月1日），昙泉支俊胶、赵得理、张五群、支合顺、闫守民上山祈雨，下山时在姑姑庵金马泉担去两瓶水。但留心此事的笔者却未见下雨，遂打电话给闫守民询问结果。闫守民说庙会期间有雨，只是范围不大，仅昙泉数村，且是微雨。笔者遂写心得曰：看来祈雨之事不是迷信团人，既然是团人，为何能团了中国人民几千年？只是科学破译不了天地之间冥冥密码，反过来说它是迷信。“电视讲堂”上一位教授讲《易》，他说咱们现在把“科学”二字捧到至高无上的位置上了，不论干什么，总是问你干的这件事符合科学道理吗，那么为什么不能问一句你干的这件事符合易学道理吗？

关于祈雨之事，奇也，异也，不可解也。是以记之。

迷魂阵

女娲炼石补天时，将遗弃的石头堆放在汤王山下，又按兵法布成九宫八卦图，兵家称它为“八阵图”，民间唤它为“迷魂阵”。进入迷魂阵，日月失明，四方不辨，但见千沟百壑、云雾蒸腾，若千军万马困入其中，不可复出。

如今迷魂阵里古石林立，怪树参天，绿苔裹地，阴气森森，豺、狼、獾、豹、野猪出入其中。

抗日战争时期，我条西康支队几名侦察员遇一队日军追赶，进入迷魂阵，几十个日军相继跟入。条西大队长用信号弹将我侦察兵引出并封锁巽门，所入日军均被困死其中。从此，我条西大队与横榆民兵利用“迷魂阵”与日寇斗争，屡立战功。1949 年 1 月，横榆民兵连被太岳军区司令部授予“中条山保卫者”光荣称号；同年 10 月 1 日，横榆民兵连指导员郭政文作为民兵代表到北京参加开国大典，在天安门前受到毛主席的亲切接见。1973 年，运城地区军分区在青山村上横榆举行军事实战演习现场会，同时授予“上横榆战役村”的光荣称号。“迷魂阵”等处因此成了红色革命旅游区。游客探游“迷魂阵”时，一定要结伴而入，进去之后，要击石呼号，豺、狼、獾、豹们则闻声而遁；出来时随红旗标志而走，不可独行。

捻掌人祈雨

夏县捻掌村有两棵大叶杨树，一棵长得亭亭玉立，漂亮美观，一棵长得老态龙钟，弯腰驼背。那棵漂亮的因此看不起那棵驼背的，常常嘲笑它、侮辱它。那驼背老杨，低头忍受，沉默不语。

一年大旱，捻掌村人要到闻喜县石门乡的汤王山祈雨，为示其诚，村民要捐资雕刻一尊汤王像抬上山去。大家选材取料，一眼就相中了那棵驼背老杨，它曲背垂首，自然天成，稍加雕刻，栩栩如生。雕成之后，千人磕头，万人烧香。大家选定黄道吉日，出发前，社首发誓赌咒说，要是汤王爷不开恩降雨，便是本人诚心不够，要真是那样的话，我便舍身跳崖，以献真心！

村民大为感动，便要为社首捐一白棺。大家一眼就相中了那棵亭亭玉立的大叶杨，于是提斧砍倒，裁作三段，开膛破腹，割成一棺，余材便做了汤王爷的轿杆和抬棺的抬棍。

汤王感动，当日降雨。于是夏县捻掌留下一俗：凡是祈雨，必然抬棺，名曰硬求。此招厉害，汤王害怕，不敢不依，所以捻掌祈雨，每求必得，不次昙泉。

横榆人祈雨

横榆村有座汤王庙，龛内有个泥塑的汤王爷，乃汤王爷的儿子，唤作小汤王。小汤王的舅家是横榆村，族长当是小汤王的舅舅。舅舅祈雨时便对着外甥发话道：“你就不知道旱啦，你就不看看旱成啥啦，明天给舅家下一场好雨！”但第二天不见下雨。舅舅生气，说：“把他给我抬出去，晒他三天！看他给我下不下！”几个小伙就把那外甥抬出去了。烈日之下，暴晒三天，仍不见下。舅舅说：“再晒他三天！”三天之后，还是不下，便“再晒三天！”从夏晒到秋，赶种麦时终于晒下了，舅舅说：“看看看，不下是不下，一下就给咱下到节骨眼儿上啦！舅舅的话他敢不听！”

网开三面

汤得江山后，以仁治天下。暖春丽日，汤王微服私访，来到白家滩，见一猎人，四面张网，捕捉鸟雀。只听猎人歌曰：“不论四面八方，鸟儿都入网中。”果然，许多鸟儿纷纷入网。汤王心想，这哪能行？汤王和颜悦色地对猎人说，飞禽走兽，各有司命，网开三面，放其投生吧。这事传到民间，皆知汤王仁爱，对禽兽尚且如此，何况天下百姓。于是，天下之人更加热爱他、拥护他。后人把汤的仁政唤作“仁及禽兽，网开三面”。

三山夺冠

很早以前，闻喜汤王山与绛县尖山、垣曲歪头山争高低。绛县尖头山与垣曲歪头山见汤王山高，便合伙踢了汤王山一脚，正踢到它小肚上，汤王山便捂着肚子蹴下去。就在汤王山蹴下去的当口，顺手在绛县尖山头上捋了一把，那山便变成尖顶了；汤王山又回手扇了歪头山一耳光，那山便被扇歪了头。所以汤王山南低而臃肿如肚子，山北直高如后背。它们三个至今怒目而视，互不服气，但蹴着的汤王山比尖山和歪头山还高出几十丈，绛、垣二山终于拜了下风。但绛县、垣曲二县之人却不是这个说法，他们的说法才巧哩，在此不赘。

蜂蜜崖

汤王山下有一大沟唤作柴沟，柴沟内有一支沟名叫庙沟，庙沟深处有一大石壁，唤作蜂蜜崖。那蜂蜜崖上有一条大石缝，像姑娘的生殖器，那生殖器里流蜂蜜，沥沥啦啦几十丈长，人称“蜜窝儿”。那大石壁上飞鸟成群，蜜蜂如云，那甜蜜之气，风传几十里。盛夏初秋，汤王山人便背起馍布袋到“蜜窝儿”里蘸馍吃蜜，也唤此蜜作汤王蜜，色泽金黄，润肺止咳，去火生津，清甜爽口。但有一点，行吃不行拿，拿走就变成水了。那“蜜窝儿”旁有唐人作的一首诗，说是——

汤王驻跸，天赐蜂蜜；
食则无穷，贪则为水。

传说那“蜜窝儿”里有一蜜葫芦，若取了那葫芦，便就取了蜜根。

后来，河南卫辉府来了二巫，隐入沟内，半夜三更，披发仗剑，念动咒语真言，将葫芦取走了，从此，汤王庙沟的蜂蜜崖上便没了“天赐蜂蜜”。

宝石碌碡

汤灭夏后，汤王爷将他的“天马龙驹”养在汤王山下一个山洞里，要它在里面养精蓄锐，收取天地正气，韬光养晦，以待来世保国英雄开门启用，再立英雄事业。汤王遂凿一碌碡，放于石门之外。此乃开山的钥匙，只要在碌碡的“夹板窝”里种上一颗玉米，成熟之后，将玉米棒子摘下，对准石门摇三摇，石门便自启开，那养足了精神的“天马龙驹”便会飞扬而出。

因为碌碡乃打麦之物，满身都是麦香味；玉米棒子乃马最喜爱的食料，那“天马龙驹”见了玉米，哪有不出来的道理。

后来有一商人得此秘密，在碌碡的“夹板窝”上种了玉米。秋天玉米成熟之后，他便掰下玉米棒子。开门时，因商人只有满身铜臭，没有一点英雄气概，那碌碡气破了，钥匙崩坏，分成两半，至今滚在白家滩的枯草丛中。

碌碡可以修复，只是需要一位盖世英雄的出现；天马欲出，只是需要一个豪杰义士牵取。

无道纣王

汤天下传三十一世至纣，建都朝歌。纣荒淫无道，喜怒无常，昼夜寻欢作乐，奢靡无度；筑起皇宫鹿台，台上堆肉山、设酒海，与美女妲己醉生梦死，对朝政不闻不问。他筑一空心铜柱，柱内燃火，铜体沸红，名曰“炮烙”，但有异言者，缚上炮烙，流油冒烟，霎时灰飞烟灭。妲己每见此景，皆歌舞一曲。因此朝纲崩坏，官吏无道，四海百姓，如入沸汤。皇叔比干撩衣进谏，遂被缚之炮烙。但有乱言者，便以此为例。天下诸侯，皆有怒色。周武王怀愤，插起义旗，天下百姓，从者如蚁。周武大会诸侯，起兵百万与纣开战。两军交合一处，纣七十万大军如山倒塌。纣逃回朝歌，闭门不出。周武王困城数日，纣无计可施，便登上鹿台，举火自焚。至此，汤至纣六百四十四年天下宣告灭亡。

汤山警钟

很早以前，汤王庙威风绝伦。正殿左右设钟鼓楼，钟楼内悬一口八千斤铜钟。钟声响起，声传八百里远近。

庙里住一老僧，寿逾三百，能知过去、当今、未来事，但觉天下将要生隙，鸣钟三下，晋王便来到汤山，拜山听教，然后依教治理，皆能化干戈为玉帛。因此，汤山铜钟便被唤作警钟，为了太平，百姓渴望警钟长鸣

晋王死，小王立，迷于酒色，失政甚多，天下裂隙遂生，干戈渐起。汤山警钟轰鸣，小王起始还听，次后生厌，不来拜山。老僧心急，令警钟长鸣。小王心烦，命人将警钟砸了。从此，天下各个朝代，干戈丛生，更替迅速。如今开发汤王山，重修汤王庙，希望再将洪钟复铸，以示大吕长鸣。

汤山奇景

2009年农历七月初一日晨，雨过天晴，万里无云。我独自登上汤王山巅，却见汤山之北，走马岭上，一片白云在北风的鼓荡下汹涌而来，似万马奔腾之状。它们奔上青龙岭，扑上汤王峰，淹没祭风塔，唯塔尖隐隐可见。日光又将白云染作红色，真是“红霞万朵白重衣”！忽又像天河一般，向山下奔流，似巨大的瀑布，激起无数的浪花。那云头漫过松林，被山下热风抬起，形成龙头，又忽地生出两只龙角，那龙身巨大，肃威壮美。半个时辰后，云渐次而去。

我独在山上，独见此景，独得此福，可遇不可求，感叹此生不枉，故以记之，与您分享。只是此景不复再见了。

汤王新像上山记

1997年古历八月初一日，夏县、闻喜两县二百余人，自发捐款两千余元，塑了一尊汤王像，欲将汤王从裴社乡东坡村石分沟抬上山。因荆棘塞道，便派人持斧镰披荆斩棘，从早上五点到下午三点，将道路疏通。抬像队伍，鸣炮起身。众人用尽气力抬到半山，却越抬越重，以至轿杆摧折。内中一人说，汤王爷一生只走大道，不走小道，所以如此。众人思之有理，遂下山改道到九务头，过元宝山，至后山白家滩上山。此时已是晚上七点，点起灯笼，打起手电，敲锣打鼓，鸣鞭放炮，方才轻松地将汤王爷的塑像抬上山顶，安入庙内。在前山小路上，为何越抬越重？至后山大道上，为何越抬越轻？道理何在，至今解释不清，故曰："神！"

宝砂锅

唐武德二年（619 年），唐太宗李世民军与隋刘武周军会战于汤王山下的美良川。唐遇劲敌尉迟敬德，不能取胜。大军退入汤王山，过铁牛峪，军士饥，无物以食，唐王甚愁。

峪一古寺，内有一僧，名曰智闵，鹤发童颜，仪表不俗。唐王拜谒，那僧指着灶上的一口沙锅说，釜内有粥。唐王奇之，揭开砂锅，舀了一勺，锅里之粥，并不见减。于是众军皆食，锅里之粥，始终如故——此所以“以一釜饭万军”也。唐王感恩，老僧遂以此釜赠之，李世民遂赐此寺曰“兴国寺”。

三军饱食，出山再战。开战之前，唐王将宝砂锅埋在夏县巫咸山下的一棵歪头柏树下。天幸尉迟敬德服唐王之德，率军投李世民麾下，遂全胜于刘武周军。唐王李世民搬兵回朝取其砂锅时，见满山的柏树都歪了头。从此，这口宝砂锅便就遗失了。

铁牛峪兴国寺有清康熙七尺大碑曰：“唐之时，神僧出，以一釜饭万军，太宗奇之，因赐其名曰兴国……”至今遗迹犹存，碑文清晰可辨，编述历历。又有嘉庆大碑一通曰：“历览古今，有人以地传者，有地以人传者。人以地传，非其地则将无其人；地以人传，重其人以名其地……”其碑结尾处说：“方是兴国宝寺声驰异域，名传八方，以至远者慕焉，近者阅焉……”

汤山古桑

汤王山下，白家滩村，有一古桑，树干粗大，五人张开双臂方能将其合围，树身开裂，内流黄水，成一大洞，洞内可容数人打牌。一大枝在汶川地震时倒塌，裂痕暴露，老朽不堪，但每逢春来夏至，枯枝梢头，仍要还我汤山一片新叶！

对于此桑，多有传说。王莽追刘秀时，那刘秀又饥又渴，逃到汤山古桑之下。满树桑葚，青红紫黑，如珍珠玛瑙，堆满一树。那汉刘秀采而食之，方得活命。忽见后面追兵将至，刘秀钻进树洞。忽来一群蜘蛛，盘丝结网，将树洞弥得天衣无缝。王莽从树下经过，策鞭而去。刘秀躲过一难，感恩不尽，对老桑曰，他年我若为帝，便封您为百树之王。

刘秀光复汉室，登上帝座之后，却错封椿树为王了。老桑听后，日夜叹息，越想越气，于是乎气破肚子，流出黄水。杨树幸灾乐祸，迎风拍手，哗哗啦啦，昼夜不息。

中条山林场在老桑树下盖了十二间平房，为林场护林员宿舍。但每到半夜，老桑便叹息起来，风雨之夜，其声愈甚，如长夜筒箫，声传数里，令人毛骨悚然。从此，那一排平房，无人居住，今已破败，遂成豺、狼、狐、獾之窝。

二十年前，中国桑蚕学会普查古桑，此树全国名列第二，成为国家级保护树木。此桑一身神灵，能兆示国运。“文革”时，此桑枯死；改革开放时，此桑复活；十八大之后，此桑一派繁盛，欣欣向荣。桑葚成熟时节，老桑无言，但下自成蹊。

闻喜作协茅桐先生于2016年夏来此树下采食桑葚。时树上树下一群学生男女及白家滩几位老妇或摘桑葚而食，或采桑叶养蚕。树下犬儿狂吠，河水哗哗，满树裙祢与护食的喜鹊拌嘴生气，蜜蜂满天，蝴蝶成群，和成嗡嗡的一天音响，茅桐先生遂感而诗曰——

珍珠玛瑙，堆满一树，青红紫黑，次第而熟。
喜鹊登枝，呼朋唤友，蜂狂蝶乱，吵闹不休。

老妪采食，孩童上树，众鹊不依，与尔争斗。
姑娘少妇，裙钗飘舞，黄犬黑狗，追随其后。

老桑无言，下自成蹊，鞠躬尽瘁，死而后已。
献出一果，收回一誉，不求闻达，扎根故里。

蚕虫弱小，沉默不语，食叶化丝，结茧而归。
丝绸之路，从此织起，惠及今古，德配天地。

贞贞子叶，遇霜而黄，金鳞片片，纷纷扬扬。
医家受取，泄火祛风，一个轮回，至此完成。

桑园主人，雪染双鬓，静观此景，有了心得。

天下万物，外显于内，慨叹之余，作诗以记。

他用诗的语言，描绘出采桑的圣景。此诗发《运城日报》2016年5月30日鹳雀楼版上。

无量佛守护无字碑

过汤王山南天门往扶汤沟，有一块光达达的大青石，如刀劈斧凿一般，直插霄汉，这便是天赐的汤王山无字碑。旁边一尊大佛，此佛非人工雕琢，而是自然天成，雍容大度，态静神闲，一派隐逸之风。他的对面便是郭璞窑和“十卷书”。

原来汤王除了暴桀，灭夏立商，平乱世而为治，救万民于倒悬，于大旱之年，焚身祈雨，帝感其诚，欲立碑彰其功德。众神奏曰，汤之大功，溢于言表，非文字可记，不若立一无字天碑，以彰其功德于无穷。帝准奏，遂降无字碑于汤王山扶汤沟，并派无量佛下凡守护，已悠悠数千年矣。碑的前面是两个蜡台，一到夏秋之夜，双烛齐明，满沟一派亮堂——原来那两个蜡台上有蜜蜂窝，萤火虫成群结队，贪蜜而来，聚而不散，以故“双烛齐明”。

火龙道士

清朝年间，汤王山里有一老道，道行已是很深了。那老道白天炼丹，夜间到山下李沟村一老者家下棋，天亮回山。如是夜至日归，且风雨无阻。山上山下，相去几十里，并不见其疲倦。他每次棋罢回山，都不让老者送出山门之外，老者甚疑。

一日夜归，老者隐身门后，从缝间窥视。只见那老道出得门来，在门框上取下一物，状如一条粗壮的鞭穗，然后从腰间掏出火镰火石，叭哧叭哧打出火来，往那物尾上一点，那物便化作一条火龙。这老道双手掰住龙角，只听“哧”的一声，往汤王山顶飞去，越去越小，小如萤光一点，飞入汤王庙里。老者方信此乃道家真人。来日天晚那老道复至，捻棋对弈，品茶论世，老者以上厕为由，到门外看那物，原来却是用汤山艾蒿编成的火耀——也就是民间用来点火放烟熏蚊子的“火耀子”。

二人从容对弈，老者并不点破其天机。

神僧救驾汤王山

王莽追兵甚紧，刘秀逃到汤王山下，见亳清河畔，老桑树下，小庙旁边，坐一僧，生食禽兽，其貌奇丑，疙瘩着一身怪肉，旁侧置一铁锤，硕大如瓜，锤柄联一铁索，丈余长短。那僧极少言语，听之乃闽南语音，示意刘秀入庙避之。刘秀问其乡籍姓名，不答，再问则怒。

是夜，同寝。夜半，闻马蹄兵器远远而至，僧曰："汝安睡，吾去耶！"言讫不见。刘秀环视其室，门窗皆闭不开。少时，只听得汤山之巅，杀声震天。

刘秀盹至黎明，醒，却见那僧鼾睡炕上，至晚醒来，曰："我与王莽悍将'大砍刀'约今夜半决于亳清河畔，你只管在此睡觉，不可妄动，休添乱于我。"言讫不见。少顷，但闻鼓声动地，刀剑争鸣。刘秀借树荫猫至元宝山上，用手在额前搭个凉棚。纵目望去，但见山下纷纷滚滚，战场雄阔。只见那僧手握铁链，收放那锤似流星闪电，驰入敌阵，如虎入羊群，开浪裂波，瞬间便被兵涛淹没，忽又挺立潮头，再跌入谷底，如是数番，莽军方退。刘秀观之，双股颤颤。

不时，那僧提锤而来，滴滴淌血，言于刘秀曰："大砍刀死，王

莽军逃，汝难已过，吾自走耶！”言讫，只见风尘滚滚，雷声隆隆，如火轮腾尘一般，往垣曲古城，闪电般去。刘秀怅望，欲得而不能，双目滴滴淌泪，以致流血。

往事越千年，老桑依然在，关于老桑树下“汤山救驾”一事，《唐书》有十数字载之，只言“一僧”，并无名籍。

禹驾沟

大凡山川河流，村寨县州，其名称所得，皆有来由。汤王山下白家滩南有一大豁，名曰禹驾沟，此名的来由当追溯远古禹时。

禹时“汤汤洪水方割，浩浩怀山襄陵”，为平息水患，禹踏遍中华版图，要寻找出水之道。一日，禹来到汤王山下的这条大沟时，天色已晚，遂在此处住了一宿。然后北上峨嵋岭，经万泉（今万荣），过稷山，到河津，终于凿通龙门，导水入海。水患平息，天下百姓，遂得安生。百姓为纪念大禹驻跸，便将汤王山下白家滩南的禹曾住宿的那条沟唤作“禹驾沟”，此名距今已三千余年矣。

汤王山的叹息

汤王山位于中条山中部，海拔1752米，自古以深沉雄秀闻名天下，唐文豪韩愈撰诗曰："条山苍，河水黄，波浪纭纭去，松柏在山岗"，历代之赞，不绝于史书。汤王山乃中条山闻喜段群峰之首，《山海经》曰："景山南望潞盐之泽"，就是说站在景山之巅西望，可以望见运城盐池。而《山西通志》曰："景山即汤山。"

汤王山是古之盐道，盐商们从运城起身，经夏县，过闻喜，到垣曲，下古城，一路南下，才把潞盐贩往江南之地。所以，汤山脚下乃古之驿道，可见其人文之久远。《诗经》的最后一篇是《殷武》，曰："陟彼景山，松柏丸丸"，就是说展望景山，到处都是高大的松树和俊美的柏树。

景山自古就有"八景区七十二景观"之称——而最动人的是闻喜抗日第一枪在汤王山下白家滩的木盆村打响。从此，中条山里的抗日浪潮风起云涌，以至新中国成立后的1951年横榆民兵在北京受到表彰并被授予"民兵英雄连"的光荣称号。所以，汤王山及其周边遍布红色人文。石门毛沟有柴泽民撰写的"民兵七烈士纪念碑"。更有国民党中央军与日本人展开的一场规模浩大的中条山战役，毛选四卷《揭破远东慕尼黑阴谋》一文中曾提到这场战役。但如此宝山却得不到开发，时至今日这些红色人文仍然是“藏在深闺人未识”。在全国提倡“文化强县”和“旅游强县”的今天，我们闻喜人端着金碗，但碗里却是没饭，怨天呢、怨地呢、怨人呢？

寻幽探古汤王山

商原是黄河流域一个古老的游牧民族，其始祖曰契，其母曰简狄，乃有娀氏之女。简狄食一燕蛋，孕而生契，其父乃一燕子，故姓子。《诗经》曰“天命玄鸟，降而生商”。史学家司马迁《史记·殷本纪》曰：“殷契母曰简狄，乃有娀氏之女，张节正义”。其按记云：“桀败于有娀之墟，有娀当在蒲州也。”（蒲州即今永济蒲州）。契乃舜五臣之一，官拜司徒，与禹同朝为官，后受封为侯（前1728—前1711），封地于陕西商县，传第七代至汤。时夏桀无道，政失于酷，汤屡谏不从，遂至景山招兵买马，会盟三千诸侯，从者如蚁。练兵七年，之后，在中条山下鸣条岗上，一战定鼎，灭夏立商，史称“鸣条之战”。三千诸侯大会景山脚下亳清河畔，各路英雄推汤为帝，这就是史书上记载的“景山之会”。汤三次谦让，诸侯不依，汤遂正位，于是便在景山之巅起火祭天，这便是史书上记载的“景亳之命”。汤建都于亳（垣曲；后迁河南濮阳）。汤捉桀不杀，据《括地谱》载：“汤放之鸣条，三年而死。”汤称帝13年（前1711—前1698），驾崩于亳，葬于今河南堰师桐宫。但民国5年、7年“牌记”云，“汤陵在闻喜乔庄”。又云，“汤陵在闻喜文庙”。清戊戌君子杨深秀撰《闻喜县志》云：“魏文帝览言，汤葬济阴之非益，因地名桐宫，且多古柏而附会之也。夫按国注《尚书》，桐宫止云此汤葬地未言所在，夫以桐乡为桐宫之属，又以闻喜为汤陵之地。”如此说来，闻喜或河东乃子姓之根。

国鼎传位至盘庚，迁都于殷（今河南安阳）。商得天下645年，传17代31帝至纣，于朝歌终日高歌作乐，被周所灭。周灭纣后，纣臣伯夷、叔齐“不食周粟”，饿死在蒲板首阳山上。纣的庶兄萁不愿归顺，携民五千，逃至极东处，有海，每日早晨，太阳升起，海上放光，一派鲜亮，灿烂辉煌，萁取名曰“朝鲜”。其地肥沃平旷，萁取名曰“平壤”，遂择其吉地而居，开荒种地，植桑养蚕，民多归附，繁衍生息，其族日益壮大。周武王闻之，招萁入朝坐官，不从，周遂封萁为朝鲜国君——朝鲜平壤牡丹峰下有萁陵，至今遗迹犹存，金正日时代修缮一次。

商以农、牧为主，制陶、雕刻、冶炼、铸造等手工业发达，青铜器优甚。人们将其农、牧、铜等物贩往异地赚钱，买卖行业活跃。那时只有牛车，没有马车，人们只会用牛，不会用马。有个名叫奚仲的人，发明了“马套项”，从此，牛车可以驾马了，遂称牛车为马车。人们用马车贩运货物很是提速，用铜、玉、贝为币搞市场流通，后人把这种行业叫商业，把从事这种行业的人叫商人，故史书便称其国曰“商国”，追加其始祖曰“商汤”——这便是商朝名称的来由。商帝世袭，传弟不传子，无弟时方传子，谓之“兄终弟及”，不效禹制之“父死子袭”。

商时，历法文化开始起步，司天监将一年分为12个月，将12个月分为四季，半月为一节，5日为一侯，遂得二十四节气72气候；大尽30天，小尽29，后人将阴历与阳历不合掌的年份命为闰年，把这些刻在“龟甲兽骨”上，是为“甲骨文”。这样就将黄河流域的农

业生产与四季天时有序的排列组合起来，人们依着天时，春耕、夏种、秋获、冬藏。

从后来发掘出土的“龟甲兽骨”和“岩壁石画”上可以考出，我国历法节气起源于商。这个发现，破除了“商是史前神话传说”的理论，同时肯定了中国是四大文明古国之首的地位。因历法研制于黄河流域的晋南河东，所以二十四节气在晋陕豫一带十分灵验，到南方及北方就不灵验了。

1985年，我国考古学家在垣曲古城发掘出商都遗址，史学家据此认为，垣曲商城当是“商始居亳”的最早亳都，这与远古传说正好吻合——古商当在河东。汤山碑记云：“山有汤寨灵地，寨在条山之巅。”山得圣而名，遂改景山曰汤王山。商立庙，唐扩制，宋破败，明重建，清叠缮，民国修补，“文革”破坏，新千年之后得以保护。

宰相比干的故事

商相比干被纣刨心，其体不倒，走出都城朝歌，直往北郊而去，遇一挖菜婆婆，比干问："挖的什么菜？"婆婆答："没心菜。"比干道："菜没心能活，人没心能活吗？"婆婆答："菜没心能活，人没心不能活。"比干道："纣没人心，为何能活？"婆婆答："纣没人心，死期不远了。"比干听得此言，倒地而亡。百姓为他造一坟冢，夜里起了一场大风，把比干坟堆成了一座大丘，旁边建了比干庙。坟上长的柏树，树纹都扭着，树冠都歪着，树顶都是平的，人称"比干树"。

亳在垣曲

汤，商的创立者，又称武王、武汤、成汤、天乙。卜辞作唐、大乙、高祖乙。姓子，名履，子履在宰相伊尹等人的辅助下灭夏，建都于亳，立国号为商。战乱平息，天下太平，丁归田亩，五谷丰登，渐有城镇。城镇里的手工业发达，商人在石门玉坡村开矿冶炼（2015 年北京科学院和北京博物馆来此考古，定论为夏商遗迹），能在青铜器上铸造饕餮，能在土窑烧制白胎陶，且发明历法，闪烁出文明古国的光芒。

至于亳在哪里，多方考证，当在垣曲。垣曲北靠景山，南濒黄河，伊尹放逐太甲于桐乡，汤陵或在万荣县荣河镇或闻喜乔庄。孟子云，“汤居亳与葛邻”。葛在汤王山东、河底镇的葛寨村。据《隋图经》所示，桐乡即商之桐宫。

汤山石池

景山之巅，汤王庙前，元朝碑云："汤寨灵地，自然石池恒不竭。"汤山石池俗称石盆，史书称其曰湫池。相传，那汤山石盆半亩余，盆底有九个大泉眼，九个泉眼都通海，馒头大的水珠子咕噜咕噜往上冒，涝天不溢，旱天不干，石盆一圈镶了一层厚厚的苔。山顶上是厚厚的黑土，长满高高的大树，槐树的缝隙里会长出桃树，柏树的树洞里会长出杏树，这叫"槐抱桃""杏依柏"。树身上都长着汤山石茶，秋后采下，最能败火，那是一宝，别的山上都没有。林间满是花草铺成的花毯子，毛茸茸的，一尺多厚，一沟连一沟，一岭连一岭，一直连到垣曲山！只是后来天低了，人短了，人们只砍树，不栽树；只掏山，不养山。到如今，泉干了，树死了，山秃了。

汤王祈雨

《史记》云:“禹有九年之水,汤有七年之旱。”禹涝之时大禹治水,汤旱之时汤王祈雨——那时天下大旱七年,黄河断流,井底无津,田亩生烟,林木起火,百兽千鸟,枯死无数,天下百姓,十室九空。汤王请巫,建坛祭天,用尽猪羊牛马作牺牲,但仍万里无云,赤日当空。汤对群臣说,看来要感动苍天,只有拿我作牺牲了。

是日,汤在景山之巅,筑起大坛,下积柴薪。汤披发仗剑,登上坛顶,下旨曰,我祈求上苍,若今红日当空,人无斜影之时仍无雨讯,便点燃柴薪。言罢瞑目焚香,自责六事。

那一缕青烟将汤之言语飘飘悠悠送入天宫,四海龙王听其祈词悲切,遂生恻隐之心,更兼尧、舜、禹诸帝皆哭拜于玉帝脚下,玉皇大帝乃责下界之人“富不俭而奢靡生”,故玉口不开。日至正午,炎炎烈日依然如火烧天,看那祈雨坛下直立的群臣——直立人无影;望那祭风塔下却是——日正塔影圆。

汤王下旨,点火谢天,顷刻之间,烈焰腾空,直冲霄汉。玉帝震动,命雷公电母,风伯云童,四海龙王,速速降雨,灭火救汤。

只见霎时乌云滚滚,闪电雷鸣,倾盆大雨,泼天而降,熄灭景山之火。万民感戴,恩及鱼虫鸟兽,乔草藤灌,山呼万岁——这便是千秋万代百姓传颂的“商王祈雨汤王山”的故事。如今祭风塔下,汤王庙前的一米深处,仍有史前烧红的红土和烧黑的灰烬。

汤王山拾古

汤王山半有藏经洞，史称琅嬛山，谶曰：“月至汤王现半轮，牛郎织女写天文……”宋宣和五年被一巫破。“汤王”乃中条山闻喜段之首，月“半轮”者乃半月，即正月十五日，牛郎星和织女星与汤王峰投影在天琴座下正好成一等腰三角形，就在下面。打开石门，果得宝藏，其中有汤王爷的金马驹。20世纪90年代，盗墓贼兴，藏经洞又被篦梳一遍，如今徒有四壁了。

2011年，木盆村柴宝合先生修路时挖出一石斧；曹家沟范小旦挖地基时挖出一把石刀。这些当是汤之前新石器时代的东西了。农业学大寨运动中，社员们搬山填海时挖出一些铜锅、铜盆、铜鼎、铜怪东西，装了一平车，卖给废品收购站了。后来海田村黄沙岭秦金坡发现了龙骨。汤王庙明天启碑载：“采者往往获铜、剑、镞。”据此而证，汤王山是一处史前的古战场。龙骨证明了汤王山这块热土的古老，它是炎黄文化发祥的根祖地之一。

文化山上的新文化

汤王山是一座文化山，不光商汤文化发祥于此，西晋郭璞也曾隐身山北石窟作文。他注尔雅，译山海，训诂文字，其炎炎华章照耀华夏，使汤王山的文化之光更加灿烂。他1800年前所创“游仙诗体”影响至今，开国领袖毛泽东曾用“游仙诗体”作诗游仙一首《蝶恋花·答李淑一》。“郭璞书堂”自晋以来便成华夏文化一景，乃文人朝圣之地，这些都是家喻户晓的故事。

今天要说的是公元2010年夏，有一“写匠”来到白家滩村，要我给他找个能隐身写字的地方，说不讲条件，屋内能放一桌一椅一床即可，屋外可置一灶一锅一碗足矣。我领他缘溪而走，水流湍急处有几块石头架于溪上。我们踩着石头蹑蹑而过，一路推花拂柳，蜿蜒而行，到汤王山南半崖的一孔石窑里。窑口一周被海棠、连翘、桃、杏、梨花包围，蜂、蝶、鸟成群，燕子尤多。俯视脚下，那条小溪明灭可见，铮铮淙淙，如鸣金磬。那人说《诗》曰，“天命玄鸟，降而生商。简狄食燕卵孕而生契，契乃汤祖，汤乃商祖，其祖乃一燕子，有紫燕盘绕此地，是认祖归宗”，他选中这块地方了。

我们开始打扫卫生，垒灶架锅。白家滩村长到底有见识，对我说你知那是甚人吗？那是中国报告文学“共和国的脊梁”擂台霸主，是全国首家“报告文学之乡”创始人，他开创的“峨嵋岭文学流派”

上了新闻联播，他来到咱白家滩村就住这石窟野窑？这里离村又远，晚上被狼吃了咋办？

他遂安排那人到木盆村晁广德家住。晁家是一文化之家，晁府简单朴素，整齐清洁，透出一派文化气韵。屋后一溪，门前一河，其村五户人家，十分幽静。屋后大山名叫“笼上”。村长派人从学校抬来一桌一椅一床，告诉晁广德：“那人用电不掏钱。”

那人带来三尺高的一捆水利资料。原来闻喜水务局取了“全国农建百强县”称号，受到国务院表彰。他远离尘世，遁入深山，关掉手机，要为这个“百强县”写一篇大型报告文学以彰其善。芝麻沟刘元鹏要瞭瞭那人，却见那人关起门来，呼呼大睡，推而不醒，遂对村长的话产生怀疑，说原来是个懒怂。房东亦疑，留心观察，见那人却是白天睡觉，晚上干活。半夜时分，房东晁广德见窗纸紫黄，疑是日光映照，打开手机看表，却是零时正点，遂疑而出屋，甚觉奇怪。但见天上七星勺的勺口正对着汤王庙的正顶，汤王庙里一股紫气飞上河汉，然后绕那七星成弧形抛物线轨迹贯向木盆，罩住晁家小屋。但见那紫气映得小屋如“紫光阁”一般，照得木盆满沟亮堂。燕子以为天亮，出巢夜飞如昼。小屋窗纸上映出那人伏案写作的身影，似人非人，似兽非兽，现出一派飞黄腾达的佛国气象！晁广德唤醒其妻，夫妻窥视。直到公鸡打鸣，三声之后，但见屋顶紫气像一股水被抽上天河。此时北斗七星已偏至汤王山北，那股紫气却被吸入勺内，再将汤王庙紫气收入勺中，而后大山复归黑暗，那人关灯，呼呼而睡。房东夫妻以为眼花，遂夜夜窥视，却夜夜如此，并不说破，只是对待那人更加周到，直到那人作毕文章离开木盆。那篇文章唤作《沧桑嬗变六十年》，亦曰《为善的涑水》。

晁家院基潜一天然石鱼，因鱼背外露，致使院子不平，不能碾场，但其父晁桂林不让铲除，认定此乃灵物，并预言此异物能生一异文云云。

原来那晁家并不姓晁，而是姓彭，乃安徽萧县人氏，其父是蒋介石黄埔军校第19期受训军官，名叫彭韶新。国民党兵败之后"彭氏化晁"，潜入木盆时曾出现"紫气贯顶"之事，遂择此地而居。在政治运动席卷全国的对敌斗争中，彭韶新未被篦梳出来，反当了白家滩村人民教师，直到中共中央总书记胡锦涛在抗战胜利六十周年肯定了国民党将士的抗日功勋时，这位晁桂林这才揭去他的神秘面纱，露出他的真实面目——彭韶新。那黄浦军校的"内务条例"就是"间单扑素，正齐清洁"……

房东晁广德夫妻解曰，那人名叫任育才，与石鱼的"鱼"字同音，莫非先父之言应于此人了吗？细想一顿，夫妻彻悟，原来是咱屋顶上的紫气及宅院里的石鱼助得那人梦笔生花。

那篇文章刚一走出"笼上"就发表在北京旗舰大刊《文学界·中国报告文学》总第100期上——100可是最圆满的上上吉数啊——转载《桐乡文学》《今日闻喜》后引起18家评论狂潮，那批评论文章在《今日闻喜》上一一连载。2011年国务院出台"中央一号文件"，他那《沧桑嬗变六十年》的思想却与那"一号文件"完全吻合了！——竟能超前"一号文件"一年运作此文，你说不怪？《运城日报》见"文学与政治同步"了，遂加"编者按"并于是年11月18日以三个整版篇幅隆重推出。以三个整版发文乃是该报创刊四十年来的头一回，因社会反响巨大取2010~2012年度"赵树理文学奖"——由中共山西省委、山西省人民政府联合设立，乃山西文学最高奖！此奖设于20世纪80年代初，但闻喜无人摘取，直到今天才填了闻喜“赵奖”空白。这个大奖却产生在汤王山半木盆村，给这座文化大山又增添了一层文化的光芒和神秘的色彩。

2015年10月10日，运城电视台“文化视线”栏目组来到“赵奖产生地”晁府取了镜头并于2017年元旦播出。村民议论，咱汤王山蕴藏的千年灵气1800年前被“游仙诗体”取走一份，2000年后又被“峨嵋岭派”取走一份。那篇文章非人力可为，是咱汤山显灵的结果，要是咱也在那个时段、那个时辰，截其灵气提笔作文，也能弄成。

人民教师晁广州（房东晁广德兄）提笔书曰：“山北郭璞书堂，山南赵树理奖，游仙诗体依旧，峨嵋岭派新生。”他说汤王山开发之后，若在木盆村办个“汤山学校”，让学子学孙在此文化氛围里取其灵气，让国学文化认祖归宗，何愁燕园不出玄子，何愁汤山文化不飞黄腾达。

那人感念晁广德的细心照料，将“晁老先生庞韶新”1983年冬与杨户沟全体师生的合影发《桐乡文学》2011年总第17期上，并撰文曰《一张老照片》；为感白家滩全体乡亲的关爱，任育才决定再次遁入木盆村，欲尽平生所学，给汤王山写一篇大型报告文学以彰其善。他的这一设想得到县委书记张汪尤和县委常委、宣传部部长吴引群的支持——看来这篇文章产生有望，汤王山人翘首以待。

八景区九龙峰七十二景观

八景区：汤王庙、将军池、尼姑庵、郭璞书堂、祭风塔、青龙岭、千仞崖、青纱帐。

九龙峰：北龙、南龙、苍龙、白龙、景龙、卧龙、青龙、盘龙、火龙。

七十二景观：千年古桑、汤山瀑布、鲤鱼跳龙门、文房四宝、万马奔腾、百鸟朝凤、鲤鱼托寺、海浪五松、狮王护驾、神龟探海、八戒保圣、二虎镇山、白龙衔青松、层峦叠翠、三世同堂、八戒拜寿、百年樱桃、五鼓神松、宝马腾空、辕门将军、大不见天、小不见天、迎客松、卧龙石、十卷书、回心石、牛郎石、织女石、逍遥台、望天蛙、春米臼、点将台、幽会石、烽火台、望月石、宰相帽、阅兵台、喊操台、牛拉车、仙人洞、问天石、一线天、石棺材（冲丧龛）、水晶洞、天然浴、顶天柱、熊掌石、藏经洞、藏军洞、刀劈石、图腾柱，天梯，雄鹰、石林、岩带、龙床、龙椅、靠椅、棋盘、禅房、天龟、神蟾，龙墩、龙脊……

《民国县志》摘

清戊戌君子杨深秀子杨黻田主编《闻喜县志·民国志》云：“景山，为中条山分支，俗称汤王山，亦曰汤寨，上有汤庙、湫池，祈雨多应。在县东南六十里。隋〈地理志〉曰闻喜县有景山，与三综山皆中条支脉。〈山海经〉曰，景山南望盐坂之泽。”三综山在县东五十里。郭璞《三苍注》云：“三综山在闻喜，今县东五十里有焦山，即三综，以俗有三县顶之说也。”

郭璞书堂

郭璞书堂在汤王山南天门下的凤凰台上，那里天造地设一书堂，一看那天庭地阁，就知非人力所为。书堂侧有一卧室和藏书处，史称琅嬛。西晋郭璞曾隐身此处，博览群书，著书立说。他注尔雅，译山海，训诂文字；点周易，判阴阳，调理五行，把天、地、人调得和平共处，“天人合一”是其思想之核。

郭璞出生在士大夫家庭，儿童时代便显出他的天赋，聪明睿智，见一知十，更兼刻苦攻读，年纪轻轻已是经纶满腹。时逢“八王之乱”，天下动荡，郭璞踏看地脉，遍观风水，相中了文脉蒸腾的汤王山。这里幽深安静，环境优美，堪称世外桃源，便在这里隐居下来。数年之后，下山从政，主张和合，抵止分割，受封晋元帝司马睿著作佐郎，后上迁尚书郎。晚年在大将军王墩幕下做记室参军。王墩拥兵自重，备兵谋反，求璞卜卦，问其成否。璞曰“不成”。墩怒，对璞曰，汝算一卦，看汝寿何！璞卜曰：“我命在今日。”王墩遂杀郭璞于南岗，时年 49 岁，葬南京宣武湖畔，名曰郭璞墩。东晋明帝念其忠烈，追赠弘农太守。蒋介石时期曾将郭璞墩维修一次，至今遗迹犹存。

八间签

郭璞书堂和黑虎庙间有一巨大吊石，那石吊下之后又扬头向上翻卷，形成屋檐，有八间之广，甚为壮观，人称“八间签”，内有阳台，水洞，藏宝处。此处多百合花，乃避暑胜地。汤王每至盛夏，移兵此处避暑，“八间签”便成了临时军帐。汤灭夏后，“八间签”便成后宫，汤的后宫娘娘王氏国母长住于此。唐宋时代，多有文人访探此地并题诗于壁，只是年深日久，风雨剥蚀，不可品读。

牛拉车

汤王山自北向南有一群天然石雕，乃一神牛拉着一辆巨大的战车，车后兵将不见其尾，浩浩荡荡，是汤王灭夏时的出征定格图，只见一派英雄之气，喷向南天。一日，南方来了一巫，想盗神牛，只要在牛嘴里塞一条“百日黄瓜”，便可将神牛牵走，只是那黄瓜必得长在木盆村悬泉寺后的小河边。那巫便在寺院菜地向主持僧指定了一条又粗又长的黄瓜，并付一半定金——白银十两，约定百日那天亲到黄瓜架上摘取。

木盆悬泉寺的老僧觉得奇怪，每日都到黄瓜架下端详那瓜。那条黄瓜越长越怪，长成了一把大钥匙，老僧曰：“不好。”回到寺里，苦思不得其解，掐指算来，再有两天那巫便来摘取，便心生一计，将那黄瓜当日摘了。两日后，那巫依约而来，僧说那条黄瓜长得长大，有人揶揄，老衲怕贼偷了，所以摘下珍藏，并命小和尚取出奉上。那巫大呼：“坏了！坏了！”便要悬泉寺老僧以十倍之数赔他的定金。

老僧说你要给老衲说清坏了你的甚事，当赔时我自赔你。巫无奈，只好说，那条黄瓜是一把开山钥匙，只要将“黄瓜钥匙”塞进山上神牛的嘴里，那头神牛就把汤王山上的“牛拉车”拉到我们南方去了。悬泉寺老僧听罢，大呼曰：“好了！好了！”遂取百两白银与之，遣其下山。

因此，那浩浩荡荡的牛拉车，至今还定格在咱的汤王山上。

人参娃娃

汤王山上住着一个大和尚和一个小和尚，大和尚逼着小和尚割草喂马。时逢大罕，无草可割，小和尚终日劳累，仍挨骂受气。

一日，小和尚为了割草，翻山越岭，来到汤王后宫娘娘的避暑胜地“八间签”。只见一片百合花围着一块草地，那片纯净绿地如碧玉一般润泽，黑色的沃土里长出一丛好草。那丛好草光鲜翠绿，郁郁葱葱，中间坐着一位美丽的姑娘。姑娘告诉小和尚，你就天天在这里割草，这样就再不挨骂受气了。小和尚高兴地答应着，那草却是割一茬长一茬，割不完，割不尽。小和尚问姑娘这是咋回事，姑娘告诉小和尚，这是一个秘密，不能告诉你。

从此，小和尚每天都能背回一篓好草。大和尚觉得奇怪，如此大旱，哪来如此肥草？于是，大和尚就偷偷地随在小和尚后头，终于发现了这个秘密。原来那姑娘是个人参娃娃，因人参大补，才养得此地一片翠绿，若将那人参姑娘捉住熬汤，能长命百岁。

一日，小和尚低头割草，人参姑娘梳理着她那长长的黑发，对着汤王山忘情地唱歌。那大和尚潜伏深草丛中，慢慢向姑娘靠近，然后猛扑上去，揪住了她的辫子。姑娘一惊，缩回土里。那和尚一拔，拔出一棵白嫩的大人参，提回庙里熬汤喝了。那片绿草迅速消失。

公鸡山

汤王山下有条小河，唤作亳清河，亳清河东有座山，唤作公鸡山，公鸡山与汤王山遥遥对峙。那公鸡山的地形山势极像一只昂首打鸣的公鸡，因此唤作公鸡山。日本人投降的那一天，公鸡山上的公鸡打鸣了；蒋介石败退台湾的那一天，公鸡山上的公鸡打鸣了；1949 年 10 月 1 日开国大典的那一天，公鸡山上的公鸡打鸣了。因此，白家滩人又把公鸡山唤作神鸡山。

神鸡山下的白家滩、曹家沟、木盆村、扬户沟一带无蝎子和蜈蚣，而一翻过白家滩北的圆宝山就有蜈蚣和蝎子了。对此，汤王山人敷衍说鸡是蝎子和蜈蚣的天敌，所以此等物类不能存身云云。这话用神话可以那样敷衍，若用“科学”二字如何解释？道理何在？以求解答。

汤王显灵

1942年夏，中条山战役之后，闻喜县抗日游击大队（简称县大队）为了保存实力，巩固发展抗日根据地，转移到横榆一带，利用山区地理条件与敌人展开游击战。1944年8月16日，我方接到情报，住在横榆村的日本侵略者，出动兵力包围县政府临时驻扎的木盆村，要一网打尽闻喜县抗日政权，企图使闻喜县抗日工作出现群龙无首的混乱局面。

情况万分紧急。出乎人的意料，卫佐民县长又因公外出，三区区长杜耀生紧急集合县大队人马，向石崖沟转移。200多名鬼子兵在后面穷追不舍。就在此危急关头，万里无云的蓝天上，突然从汤王山巅的汤王庙里喷出一片云雾，眨眼之间遮天蔽日，漫天大雾覆盖了山坡谷地。县大队利用云雾遮盖，保护着县政府领导人迅速撤离，化险为夷了。随后，县大队趁机占据有利地势，居高临下，迂回战斗，打得日本侵略者丢下34具尸体，狼狈而逃。

文学锦集

兴国寺碑重见天日

茂　桐

裴社乡铁牛峪村的“兴国寺”建于唐太宗李世民朝，毁于1941年5月日本人攻南山时。日本人拆其庙在翅山、塔山和铁牛峪建三炮楼，但寺里碑无大损。可惜1958年“大跃进”，在“打破迷信，就地取材”口号的驱动下“砸碑烧石灰”，寺内的铜钟、铁钟、巨鼎在大炼钢铁中回炉了。如今只有三通石碑半露于荒草之中诉说着历史的风吹雨打和岁月的沧桑变迁，一片死气沉沉，但其名气、钟气、庙气、神气至今萦绕斯地而不肯湮灭。

为挽救兴国寺遗物，弘扬兴国寺文化，使其与汤王山文化联成一线相得益彰，2002年8月11至12日，县政协常委任育才应铁牛峪村书记卫通明之邀，受政协机关之托来到兴国寺遗址。内有新槐数棵，古椿数株，康熙、嘉庆二碑皆半入淤泥之中。为抄录碑文，他与卫通明清淤发掘，挖地三尺余，至其“碑座”，方知此乃七尺大碑，字迹完好无损。嘉庆碑曰：“……唐之时，神僧出，以一釜饭万军，太宗奇之，因赐其名曰兴国……”发掘康熙碑时，挖出其“碑帽”，那帽子巨大，八百余斤。铁牛峪人听说有人替兴国寺说话了，

男女老少均来相助。他们自发地找来枣木杠、钢丝绳，终使沉睡地下半个世纪之久的碑帽重见天日。在扶戴其帽时，不论白发老叟还是三尺黄童，就连老妪村姑们都要来亲手抬扶一下，以示“尽一份心”，其情其意，颇为动人。

另有一康熙碑立于乱石之中，可惜被“文革”毁了面容，已不能辨认其本来面目了。另有三碑，一被筑入以寺为邻的土墙内；一与莲花台同埋于寺西墙根下；一破损殆尽，拼接可见：“太宗与尉迟恭战于斯……”余不可接。

我国有“兴国寺”四座。20世纪90年代初，五台山三老僧来此寻祖问根，他们默立良久，焚香化表后洒泪而去。此后，盗墓贼兴，贼用科学仪器探寻“藏经洞”，找到方位后用“闷炮”炸开洞口。而进洞取宝时，一贼突发奇病，三贼忽皆头痛，只得停工入院治疗。病愈出院，用挖土机、推土机二次下手时，贼的老婆们一夜之间皆精神失常，哭唱喧天。众贼惊曰，有神！遂止。所以其洞之宝，保护完好——究竟是神灵显圣还是偶合敷衍，暂且不论，但是此事，村人皆知。

任育才感叹不已，他据史问典，叩石求言，欲将此事写成报告文学，意在呼吁官方尽快复兴我们的兴国文化，共育此佛教亮点，借古寺之神力宣传闻喜。正如嘉庆碑云：“历览古今有人以地传者，人以地传非其地则将无其人，地以人传重其人以名其地……”细推此言，言之有理，应遵碑上之嘱，让其“声驰异域、名传八方”，以使“远者慕焉，近者悦焉”……

为《中条山神鹰图》题

茂　桐

蓄势待飞，意驰八荒，邃婉高古，志入苍穹，披银铠，戴金甲，羽为箭，风作马，独立汤王山巅，势压群峰脚下，闻喜音符，桐乡旋律，端的是意气风发，您堂堂正气闪烁着太阳的光华！

摄政百川，总督千山，霸悍亘古，宁静致远，图腾柱，大地根，冲天翼，问鼎心，背负炎黄嘱托，镌刻一身龙纹，宰相旧土，晋时明月，且看这一轴画卷，问茫茫六合是谁发出这远古的呼唤！

注1：宰相旧土：闻喜县是中华宰相村，此村因出59位宰相而闻名。

注2：晋时明月：西晋时代文学家郭璞曾在汤王山神鹰石下的石窟著书。

初访汤王山

张　健

闻喜人杰地灵，山川钟秀。远有遐迩闻名的裴氏望族，近有演绎经济奇迹的“海鑫”钢城。2007年11月3日，在闻喜办事之时欣闻当地正立项开发汤山，不胜心驰神往。于是在县委宣传部部长谭淑珍的热情安排下，我们一行初访汤王山。

汤王山又名景山，海拔1752米，位于中条山中南部的天然生态处女地——石门乡。因公元前1711年成汤在此经过七年的休养生息、灭夏建商而得名。

车在山间蜿蜒行驶，首先映入眼帘的是横榆河，清澈见底的河水，使人有一种回归大自然的清新之感。随后，看到河槽两边山上笼罩的灌木藤条，其间点缀着深秋或淡黄或深红的色彩，分外迷人；路旁正在落叶的杨柳尽显秋风萧瑟的景象；挂满枝头的柿子像一串串高悬的小红灯笼，折射出“路不拾遗”的淳朴山风；一畦畦未拔的葱绿白萝卜使人仿佛看到了餐桌上放心的蔬菜。约10时许，我们的车被道路上圆木、树枝等路障所拦，原来前边正修水泥路，于是只好步行前往。走了四五里地，我们挡了一辆“蹦蹦车”。本以为他会漫天要价，想不到小伙子憨笑一下，二话没说拉我们十来里路就到了汤王山脚，还说要不是前些天下雨把路面冲烂，还可以再拉我们一段路。汤王山人平淡的言行，拨动着我们灵魂深处的心弦。

中午 11 时，我们开始攀登汤王山。很快，汤王山神奇的景色吸引了我们：松林蔽日，清爽阴凉，石峰奇态，甚为壮观；山鸟啼鸣，悠然飞翔；山泉叮咚，欢乐歌唱，我们似乎进入了“天然氧吧”，如步入“世外桃源”，为河东有这样一处景观而欣慰。毕竟是山路，我们不时躬身前行，不时坐地休憩。行至半山腰，忽闻牛叫声。一会，有一个放牛老人出现在面前，他很利索地给我们每人从枯枝中砍了一根“拐杖”，还问“行不行”。山里人的行为，又一次使我们感受到除了金钱以外的“人味”。

在半山处，我们见到了将军庙。将军庙又名将军池，传说原叫二台庙，为汤屯兵重地。夏桀不理朝政，沉于酒色，不听忠言，滥杀无辜。汤王派伊尹相劝，他并不悔改。汤便率军上山，招兵买马，操练队伍，终建商朝。为纪念此事，唐宋时期在二台庙创建雷公寺，明末墙垣颓败，清康熙五十二年，在二台庙址修建将军庙，后又遭毁坏。此庙是改建的，有石碑，有庙堂，有护栏，虽不怎么大，但也不失历史意义。留影后，我们在周围寻觅古战场的遗迹，不断想象着战旗猎猎飘舞的场景。

经过两个小时的攀登，下午 1 时，我们便到了汤王山顶峰。急切的心情使我们先访汤王庙。汤王庙坐落在南峰，庙院一亩见方，庙墙用片石砌垒，我们从石墙豁口进入。院内蟠龙石柱仍显精雕细琢，正殿内泥塑木刻依旧引人注目。我们打开未锁的祠堂正殿门，汤王正坐大殿，神采奕奕。我们叩首谒拜汤王。据传：汤王礼贤纳

士，请奴隶身份的伊尹为相；他“十一征而无敌于天下”；他勤施仁政，善待百姓，不惜以身为牲，堆薪自焚，祈雨拯民。拜谒之时，对古贤圣君的崇敬之情，油然而生。

汤山绝顶，临涯俯瞰，极目远眺，群山环绕，万壑生烟，层峦叠翠的景色，使我们心旷神怡。接着，又到清乾隆庚午年邑令西蜀王瑞霖题词的“层峦耸翠”的北峰。北峰岩势峥嵘，大气磅礴，有的如龟寿，有的如累卵。

下午2时许，我们开始下山，约40分钟就下到山底。

此事过了数日，但初访时山灵、水秀、人美、文化底蕴深的印象不时萦绕在脑际。我深切期待在春暖花开或景区各种设施完善、盛装开放之时，与更多的朋友重访。

步上汤王山

马　路

汤王山是闻喜县境内中条山系的制高点，主峰海拔1572米。它古称景山，又作汤寨，后来约是山上建起汤王庙，由尔山以人名，也就成了汤王山。

汤王是殷商奴隶制王朝的开国之君，有关他的口碑深入民间，相传不衰：他的礼贤纳士，顾请奴隶身份的伊尹为相，运筹兴商大计；他奋扬武威，“十一征而无敌于天下”；他吊民伐罪，诛灭暴君夏桀；他力行仁政，善待百姓，网开三面，惠及禽兽；尤其在商初连年亢旱、生灵涂炭时，汤王不惜以身为牲，堆薪自焚，祈雨拯民。于是数千年来汤王就成了方圆百里神奇灵验的雨王爷，坐落在山巅的汤王庙就成了凝聚人心、普济苍生的圣地。从文化的意义上讲，这是一个潜蕴着丰厚中华根祖文化和传统文明的黄金矿床。

我们虽居住在汤王山下，却未曾有过登山朝庙的记录。近年来随着市委市府建河东旅游大市的运作声势，汤王山后的石门乡首擂开发汤王山旅游文化战鼓。今年三月三汤王诞日，县委、县政府一般首脑人物亦亲莅汤王庙观看3000余众参加的盛大庙会。我从电视上看到这一场景，兴致大振，尽管年事稍衰，体况欠佳，但这汤王山还非得一上！

于是约了旅伴，择了良辰，发动摩托车朝条山西麓挺进汤峰，拜谒汤王去。

东行十分钟即进入铁牛峪河槽。陡峭的壁岸，面沟倚崖的窑洞人家，河川上的滚滚乱石和覆盖着白色塑膜的瓜田菜地相映成趣，点缀着迥异于城镇平川的山景。而缠绕山坡的旱地小麦已臻成熟，条条缕缕的梯田，远看似旧时农妇浆晒的蜡红娇绿的土布。

东行十余里，驰入十八坪深山区，挤天抢地的大山咄咄逼人，径道随之益加恶劣。我们只好在山里老乡笃厚的笑语里寄存了摩托，背起行囊开始双脚的跋涉。

人们顺着两山对峙的石分沟狭道鱼贯东进。抬眼是一粗犷跌宕的山体，低头是巨石狰狞的溪涧里汩汩流响的山泉。入夏的几场酣雨浇泼出莽莽群山恣意狂放的豪绿，那隐现于坡沟芊草间的黄牛白羊，滚瓜溜圆的臀肚张扬出盛世丰年的喜悦。碧色苍郁的大山里，没有人家，绝无炊烟，除了杂花野树，就是巨壑细泉，偶尔几声鸟叫，听得人心怦然。

触目可及的是石头，挺拔雄奇的山峰，壁立千仞的石崖。而涧畔沟塄散布无序的大石，有的蹲踞如虎，有的安卧如牛，有的危同累卵，有的振翅欲飞，其千形万状，任你虚拟臆想。这些天然怪石与其间的孤泉幽潭，对于山里人来说大多是有名有故事的，只是我们的主选目标是汤王庙，无暇旁骛而已。

步行一个多小时，疲累浸渐向我们袭来，脚跟远不如弃车初行时的轻捷。好容易走出石分沟，在沟口一片开阔地，我们不约而同散坐歇息。这儿溪流舒缓，地平土软，还有个天然大石庵，自是牛羊憩息饮水的“港湾”。不过对于登山朝庙的旅客，这里更是一个关键的“三岔口”。因为在这儿斜向排开三道沟汊，唯中间的扶汤沟可直抵汤庙，而两侧的柴沟和盘沟基本上是绝道。

小歇后，我们又穿行于榛荆灌丛间，行半小时到黑虎庙。在这里可见汤王山神秀奇骏、巨岩崚嶒的侧峰，西向斜望还可看到东晋大文豪郭璞著书立说的石窟（又名郭璞书堂）。黑虎据传是汤王麾下的一员骁将，在一次突围战中，他奋勇杀敌，壮烈牺牲，汤王痛失肱股，将他加封厚葬于此。后人便在此建了黑虎庙，借他的武威震慑山兽，庇佑人畜平安。有趣的是，庙侧高崖上，恰有一条状黑石，腾空欲搏，极像一只老虎。此石便称作黑虎石。

在黑虎庙，我们饮足了沁凉的山泉，配备了“第三只脚”（拐杖）又开始了冲锋式的攀登。从此处到达山顶，也不过 2 公里许，但这可是一段鸟兽生畏的“蜀道”。这段路最细处不能并纳双足；极宽处崖壁盈丈；险恶处渗泉溜滑，稍有不慎，便会坐了“飞机”。还不说头上尖石树杈，脚下横木藤条。你须步步小心，刻刻留意。同行者唯有全力自保，亲爷老子也帮扶不上。在这里，只有调动你全部的肢体本能和极限的心脑智慧，才能万无一失抵达山顶。

所幸的是，尽管足下千般艰险，但蜿蜒曲折的径道两旁全由灌木藤条覆盖笼罩，你只需躬了腰身，猫步猿行，牵藤攀石，稳住脚跟，便绝无坠跌之虞。于此你还可以感受到登山是种最好的自测心力、体力和毅力的运动方式，也是对人的综合素质的锻炼和考验。通过登山，你可以充分体验原始生态野性而残酷的挑战，感受人生诸多的历练况味……

我们终于跃上葱茏，料峭山风拂来，令人心旷神怡。我们看到那峰顶天然叠砌、巍如城堡的巨岩，历久的风霜雨雪，描摹出它们生命的筋络，嶙峋老态地向世人炫示其沧桑深资。

汤王庙坐落在颠顶平台三面悬崖的南峰，庙墙是粗粝的片石砌垒，庙院也就一亩大小，除了坐南朝北的正殿，还建有东西两祠和院南绝顶上的龙王祠。庙院门也是条石砌就，现在已成危建，进出只有门侧刨开的豁。从庙院横卧的两根蟠龙石柱上可以想见汤庙曾经有过胜于今日的辉煌。约是由于地势高峣、风雷易催故，祠庙还只能这般原始荒古。至今庙地别说秦砖汉瓦，即是现代的机制砖瓦也难觅一二。这样的景观品味，与我们千古敬仰的汤王，与我们华夏文化发祥地，是颇不相称的。

但我确信，汤王是以其高尚人格化而为神的，这里凝积的是他万古不朽的德政业绩和人文精神，而不在乎庙堂的朴拙与否。

我们在塑有汤王彩像的正庙大殿献上香烛，瞻仰拜谒汤王。我们只能以这样民间的通俗方式表达对古贤圣君的崇敬，寄托我们的悠悠情思。

谒罢汤王我们便各自选取游览观光点。我在庙院后，临崖纵目，俯瞰远眺，顿觉心胸一畅，百感交集。瞩目所见，群山环立，层峦叠翠，千峰绵连，万壑生烟，感谢造物主赋予我们这么壮美的山川形胜。同时引以自惭的是，过去我们只瞄定外地的名山大川，远途游览，而对家乡这么气势恢宏、状阔无垠、神韵浩荡的绝胜山景却失之不顾，真是一种罪孽了。

遗憾的是，由于初次登山，我们没有找到可以远眺黄河水镜和运城盐湖那个立足点。

在与汤庙望衡对宇，巍然耸立的北峰，岩势峥嵘，大气磅礴，景观格外诱人。顶巅虽只有堡形小庙一座，却是岩峰掩映。于是我们辗转前赴一览为快。在山峰山腰西侧，恰有特大天然石龛，其上横嵌一长板石，突出如檐，近见檐下还横书四个方丈大字，字迹漫漶难辨，但其鬼斧神工之凿，令人叹为观止。

宛转攀上峰脊，果然好大气派的石头景观。这些峰岩凛然有势，形象威武。峰端一卵形怪石翘立岩群间，状若天外来客，名曰“飞来石”。站在石巅俯视，其下旷谷鸿沟万千气象，岚雾茫茫漫崖岫，峰峦森森张剑戟，令人不敢直视。

从此南望汤王庙院景，历历尽在目前。一拨拨朝山的善男信女燃放爆竹，进庙上供，顶礼膜拜，喃喃有词，求子求医求财、祈福禳凶破灾。祭祀活动冲淡了汤王的孤寂，增添了山巅的景气。

我们在一块大石上合了影。踩着西峰缓坡柔软的松径，观瞻了汤王贤相伊尹庙，并在庙侧将军池饱饮了一通天然矿泉水。但愿这神奇的圣水能够淘尽我们体内的诸多“垃圾”，还我们更加蓬勃、鲜活的生命力。

一阵东来的山风，将那黄河的涛声织进万顷松涛，这涛声爽凉、悦耳、舒心，且挟着汤王特赐的吉祥。

我们在松林间一块大石板上休憩。不可抵御的睡意击倒了我。偃卧石上，恍惚竟入了梦。在梦里，我看见了远古洪荒时一幕壮剧：烈日灼红了大地，枯焦的草木奄奄待毙——倏然，一代英王成汤卸去冠冕，身缚茅草，赤脚凛然地登上高高的柴堆。霎时烈焰升腾，火舌狂舐着特殊的“祭坛”——突然一声天崩地裂的炸雷，暴雨漫空泼下，瞬间浇灭了大火。雨烟蒸腾中，汤王揉揉充满血丝的双眼，看

见满山坡欣享天沐的臣民欢声雷动。

这本是史籍中描述的一段场景，今日梦里重温，却又新生了无穷的意蕴。

啊，汤王，我们中华民族亘古的丰碑。

啊，汤王文化，演绎着炎黄历史文明的永远的瑰宝。

啊，汤王山，我们家乡的山，我们仰之弥高的人文巅峰，我们得天独厚引以为豪的历史资本和精神传承。

朋友，深爱我们的汤王山吧，愿她在新世纪焕现出更加骄人的风采！

郭璞窑前思风后

茅　桐

帝得一梦：中条山下，罡风过后，世界一片清白。见天地之间，挺一英雄，高耸入云，立发垂地，目运蓝光。执千钧弩，牧万群羊，披星戴月，一身风光，掣举北斗之樽，豪饮天河琼浆。

醒，似梦非梦，坐而达旦，曰“风为号令，乃执政者也；垢去土，后在也，莫有姓风名后者辅佐我否？”遂至梦处，见一牧羊少年高卧山石，见帝鸾驾排云而至，睨之。帝叩其名姓，曰“大风过后，当自知耳。”声若洪钟，音韵穿度四野于无穷。帝观其貌，与梦中无异，遂弃辇而拜，邀入庙堂问政，话不一席，便立起天下四梁八柱，划就地上六纵九横，通易理，入天道，帝大喜，拜为相。风后运动伏曦之术，推演八卦九宫，战涿鹿，灭蚩尤，定幽燕，服蛮夷，底定万国——执慧星之帚，扫清环宇，荡宁中原，画野分土，裁判四方，每出一政，号令如风，世间万物，望风而靡。但见朝纲恢恢，疏而不漏，天下百姓，鼓腹而歌：“百善于千山，千恩于万水，万世于华表”。遗书一卷曰《幄奇八阵图》。

风后故葬中条山下黄河渡口，即今风陵渡是也。运城市委铭其

雕像于南风广场以传其风神耳。至西晋，“阵图”为郭璞景纯公得，携至汤王山仙人洞演绎作注。诚可惜者，风著郭注，均没于史海。

2017 年夏于峨嵋洞府

蛤蟆石村桃花源

茂　桐

成武帝太宁三年，一樵夫，缘铁寺河上，逢连翘林，此木为中条山独有，其花夹岸铺嫩金数百步赤。林尽水源，得一峪口，往里窥之，洞深极处有碧天如镜，遂舍船，蹑蹑入，初极狭，才通人，曲折数十步，物景天开，田畴似画，仁风浩荡，禾香一川。脊上白鹤剔翎，檐下筑巢飞燕，雄鸡引吭，鹅鸭齐唱，牛羊犬马，越陌度阡，池中戏莲鱼来去自由，岸边亮甲龟大如桐叶，男女老少，颐和春风于天地间醉。樵夫锥其肱股，方知非梦。

里人见之大惊，问从何来，邀其至家，设酒作宴，云祖上为避“八王之乱”，追随郭璞景纯公遁此圣地，不复出焉。问今世何世，乃不知西晋灭、东晋亡、宋齐梁陈并立于今者。樵夫所答悉如天外之音，强邀数日，方得辞归，头人正告曰：不可为外人言。

出，得其船，沿河下，处处志之。入县，言于邑令，曰如此异事，遂差人与之往，其志皆灭。迷，返，悔，复欲往，乃大病。猜云，此弘农太守（璞爵）农佣之后也，景纯书堂当蔽其左不远。公隐此作书，注尔雅，译山海，字字金玉，遗《郭弘农集》于世，《江

赋》篇是为东晋之冠。

隋唐时，有赏“金花连翘嫩”者复探书堂，为中山狼食。后，再无问津者。

樵夫所至乃今铁寺河源头、汤王山葫芦峪内蛤蟆石村也。原蛤蟆石上有字记之，亦有西藏喇嘛藏文数行，言其探寻未果遂置二剑于此石下以绝后访者道路云云，“文革”时碎其石饮于是河。今得“汤王山通”白家滩范玉良兄做导得入书堂是瞻。幸前人不幸之幸乃大幸，得前人不得之得乃大得。步入斯地，见贤思齐，敢不躬耕垄亩砚田，播禾香于仁川乎。

步晋陶令余韵入此记游。同游者运城电视台文化视线栏目主任赵丽及杨国栋五人。

（2015年10月10日下山之夜记于翰林静园“大风歌轩”）

天人合一话郭璞

——运城电视台五集大型电视文学片解说词

茂　桐

随着“文化立国”工程的兴起，国学文化逐渐向现代文明的中心漂移，它像地之轴、天之柱，擎起中华民族精神世界的一片真空，它那厚重的涵养、永恒的哲理，随着世界各地汉语学院的成立而风行全世界，在博大精深的国学文化中，被置于五经之首的《易》，是五四运动之前每个学子的必修课程。古人云“天大地大，没有《易》大；河深海深，没有《易》深”。而探《易》、演《易》、用《易》、推《易》，将《易》理向前步步撬动并向纵深无限拓展的，却是西晋时代闻喜县的郭璞景纯公，他的学术群里的主体建筑叫堪舆——堪为天，舆为地；堪为风，舆为水；堪为高，舆为低；堪为阳，舆为阴，他那堪舆学说的中心思想就是调和水火，天人合一。18世纪工业革命以后，科学飞速发展——原子弹的爆炸、南北极的融化、物种的灭绝、臭养层的破裂、大气层的污染、紫外线的杀生……地球村的村民已沦落成“生态难民”了。难民们已经看到——九九开始归一。也许我们的祖先早就推算出这一点了，他们唯心地塑造出一个女娲，

让她炼石补天，不要让地陷，不要让天塌，然而不断扩大破裂的臭氧层，女娲能补得住吗？于是生态难民们只好在哥本哈根召开应对气候变暖的“补天大会”。如果说求取“社会生态”要到2500年前孔夫子那里寻找智慧的话，那么求取“自然生态”则要到1700年前郭夫子那里寻找方法。郭璞郭景纯，他卓立在诸多峰巅之上——文学家、训诂学家、地理学家、建筑学家、科学家、风水堪舆学鼻祖，他以其卓越的文化贡献、独特的文化精神和独立的文化特质跻身于南风广场的河东历史文化长廊之中（浮雕特写），他像一盏神灯，成了学海永恒的灯塔！

第一集　著书立说汤王山

汤王山，中条山里的一座大山，原名景山，因中华民族的先贤商汤在此屯兵养马，与三千诸侯盟会，而后焚火立誓，启石门，过天桥，败夏桀于中条山前沿坡上的鸣条岗，故人们把这座大山改名曰汤王山。汤王山上的汤王庙展示着它的资深和久远，庙前的图腾柱虽仆地数千年但遗骸犹存。庙前的这条大沟，民间唤它作“扶汤沟”，因天下民众从此沟上山扶持汤王成就霸业而得名。但到西晋之后，民间称它为“书堂沟”，是因为这条大沟的峭壁上有一组天然石窟，西晋郭璞为避“八王之乱”，隐身于此，潜心攻读，这组石窟便是充满神秘的“郭璞书堂”，“扶汤沟”因此变成了“书堂沟”。山不在高，有仙则名；水不在深，有龙则灵，从此汤王山便成了一座文化山，吸引了多少来客寻幽探访。站在石门乡的青山村遥望汤王山，却似一只万岁老龟载着满身的珠宝璎珞向上攀缘，老成持重，老态龙钟，如老庄孔孟。那老龟的热汗蒸上山巅化作白云，被晚霞一照，化作火焰；那火焰却被狂风撕扯得全如风口上的残烛灯火，被摆平扯烂，断而复连，灭而复燃。唯云根不移，灯捻不断，从远古一直点燃到今天。

2015 年 10 月中旬，寒露刚过，霜降迫临，山上恣意狂放的豪绿，依着时令已是层林尽染，万山红遍。摄制组在“汤王山通”范玉良的带领下，顺着郭璞的历史足迹，慢慢向这个谜团的中心走去，去领略它的精神内涵。它要翻越一道突兀陡窄的大梁，大梁两侧壁立千仞，大壑深处风云激荡，用郭璞《江赋》之言，那就是“协灵通气，喷薄相陶，流风蒸雷，腾虹扬霄”。行三里许，跳三个断层，谓之“跳三跳”；进入密林深处，拐三个山嘴，谓之“绕三绕”；至悬崖勒马处再下三个绝壁，谓之“翻三翻”。过此九险，方到书堂门前。进入书堂石门便是书堂通道，通道壁上虽有郭璞遗迹，但被风雨剥蚀，漫灭不清，不可译解。爬过通道，方至书堂对面观景台。此台与书堂相距三丈远余，中间是一深深鸿沟，沟里白云黑雾，上下翻滚，不可逾越。摄制组只好隔此天堑，站在观景台上对着郭璞书堂取“长焦镜头”，如此只能取其外表，不能取其内涵了。而郭璞搭根独木桥，悠悠而过，安居于此，千虫不害，百兽无欺。

这里千峰竞秀，万壑争流，鱼肥蟹美，参老菇肥，幽深静秘，充满仙气。书堂上方，页岩层层——石卷书，石窟幽幽——小琅嬛。琅嬛山乃天帝藏书楼，小琅嬛乃郭璞藏书处。站在观景台上，瞰视汤王山下，那“摄政百川，总督千山”的豪迈诗句跃跃跳上心头，而山下之人，不论站在哪个角度也不能窥视此台之一斑。台下有一石屋，如今徒有四壁了。其上石檐伸出丈余，以遮风雨。石屋之侧，

有一洞口，入，初极狭，才通人；下去之后，豁然开朗。纵广丈余，仍一卧室……郭璞在此怎样著书，如何立说，今天的我们难以猜测更无从知晓。只能放飞思维的孤鹜，与落霞一齐独飞，飞向东晋古中古，跌入西阳山外山，去寻觅能与远古对接的频率的点。只要按对密码，就能调出远古，甚至与其“视频”；若找不到那个频率，留给我们的只能是逝鸿片羽，悠悠白云，恰如《江赋》名句：“怼如晨霞孤征，渺若云翼绝岭，倏忽数百，千里俄顷。”

郭璞窑前一石柱耸立，顶端点燃一灯，夏秋时节，满沟亮堂——原来顶端石缝，住有蜜蜂，蜜汁外流，引来千万萤火虫，这便是民间传说的“郭璞神灯”。郭璞书堂经过1700余年的风雨侵蚀，如今已坍塌不堪。清乾隆年间尚且完好，乾隆闻喜县令言如泗描写郭璞书堂曰：“纵广丈余，内有悬泉一滴，置砚其下，水永不涸，故文不绝。”那泉滴砚池之中，其声如歌似咏，如琴如筝。郭璞隐居这里，独与天地精神往来，独与万籁之音对话，才思恰如江河涨潮，文章时有神来之笔。他注《尔雅》、作《葬经》、给《方言》《洞林》《水经》《三苍》《楚辞》《子虚》《上林》《穆天子传》《夏小正》《山海经》及经、史、子、集等典籍作注者十数部之多，就连如今《辞源》《辞海》上的许多词条都是“郭璞注”。清乾隆《闻喜县志·艺文》卷诗云：

山色达含翠，幽谷郁苍苍。内有仙人住，绝代仰书堂。
云气蒸幽洞，薜萝挂石墙。史传有胜迹，滴水砚中央。
不盈亦不涸，造化钟其藏。研朱点周易，悟道判阴阳。
五行精卜筮，词赋映琳琅。往事越千年，犹自思青囊。

郭璞选中汤王山，是因他少时打柴曾来到此处，看见沟内金光闪烁。他登上大梁，跳三跳、绕三饶、翻三翻来到此处，有一宅院，院中一白一黑二叟对弈，璞遂倚持斧柄，静立观看。那白叟拣一仙桃，让璞食之，不饥不渴。一局未了，但见院中桃树花开花落者三次。只听黑叟叹曰："人生乃一局棋耳，一着不慎，全盘皆输，良可慨也。"言罢二叟化作清风而去。璞动身挪步时，斧柄已朽烂，原来他在此地驻足已越三年矣，古人遂作《烂柯经》以记其事。此院遂得名曰"烂柯院"，或曰"郭璞棋院"。

璞居于此，研读群经，只是米袋日瘪，无可奈何。一日，那白叟于云中歌曰："山沧沧，水溶溶，元宝山下有米粮；人道春，我道秋，秋有金，人无忧。"璞思之良久，"秋有金"者乃锹也，遂持锹垦荒于汤王山之阳的元宝山下、亳清河畔，得良田二块十六亩，曰"上八亩，下八亩"。垦荒期间，那黑叟于云中歌曰："一锹一字，流芳后世"，郭璞垦荒不断，故其文章如流。

郭璞谢世之后，此地归汤王山下白家滩人租种。每到秋后，白家滩人便赶上毛驴，驮上玉茭，翻山越岭，到南郭村郭璞祠堂交地租。南郭村人将此地租用于祠堂香火开支。此租从西晋时代交起，经过宋齐梁陈南北朝到唐宋元明清及"中华民国"，不论朝代如何更替，不管天下怎样动荡，这些朴实的山里人世世代代交租不绝者，是对郭老夫子的崇拜和敬仰。新中国成立以后到土改运动之前，租种"郭璞地"的最后一个人名叫王彪，他的儿子叫王新华，是从后宫联区校长任上退休的老干部。这位老干部小时候常跟着父亲走出大山，来到南郭，给郭璞祠堂交"南郭地租"（王新华特写）。他常与郭璞研究会首任会长郭德福在一起提起这个历史话头，提起来就放不下（二人特写）。如今“上八亩”已退耕还林，“下八亩”育了幼松，古老的“郭璞地”仍在元宝山下、亳清河畔，放飞着绿色的希望。地头这颗千年老桑自主人殉国之后，肚子就给气破了，一半早已枯死，但另一半仍然倔强地活着。20 世纪 90 年代，中国桑蚕学会在全国古桑普查时，它在中国排名第二。树下的石磨、石臼、石碾及众多石器告诉世人，郭老夫子，尚能用饭！

站在汤王山巅，往西可见运城盐池发出的白光，往东可见紫金山以东出发的紫气。那紫气迸发的地方就是古书上的“中山国”——在如今的绛县地界里。郭璞骑驴驮书，望气而来，过白石，到横水，来到绛县西南中条山下的小严壑。内有一小小山坳，藏风聚气，招瑞纳祥，义山仁水，一派佛国气象。向阳一带是大崖壁，因石色错综，宛如一轴色彩斑斓的佛国画图。岩上伸出石檐四丈余，中间有石窑两孔。窑下断崖处有泉喷出——此涑水源头，铮铮淙淙，顺壑而下，由涑水入黄河。沟渠两边的岩石因千年滋润，长满厚厚的苔。涧后一大洞，直通垣曲历山，里面凉气森森，风声呼呼，水声哗哗。郭璞到此祭山读书，脉气滚滚，为解寂寞，养一白蛇为伴。郭璞离开此地后，绛县人以此为荣，称郭璞窑曰“仙人洞”，此地便成风水宝地。此后许家、柳家族人迁移至此，繁衍生息，形成如今的柳庄村和许家村。明万历十一年（1586），许家村人在此建起佛寺，寺里香火旺盛，集市如云。人们掩儿带女，祭拜郭璞，求取灵气，致使绛县多出人才学士。许家村绅士许登高为报郭璞给绛县带来的“庆气”，遂削发为僧，青灯古卷，神伴郭璞。有《弥陀洞记》碑详记其事云：

南峙条山之巅，有壑曰小严，形势崔巍，云水合涧，地虽高阜而风藏，名虽曰壑而气聚，草木森美，四周盘顾，宛若一块仙境福地，庄人许登高为报郭璞仙人洞之贤，从事沙门，法名真弘……是故睹者莫不启敬瞻谒，闻之者数谓尽善尽美矣……

此后，僧侣不断，香火承传，直到新中国成立后还有许姓兄妹主持于此。他们一代一代守卫着一尊偶像、一个信仰、一种思想……他们经常看见郭璞养的那盘白蛇出来，在涧下喝水，吊桶一般粗细，蛇信如焰火，双目似明灯。那蛇出洞，仰头三尺，凉气数里，草伏两边，洞口“冰片”任人敲取，从不伤人，世称“神蛇”。农业学大寨时，草木剃光，百兽绝迹，神蛇遂不复出焉，但有人称在垣曲历山原始森林中看见过它。

走过小严壑，来到大严壑，峰回路转，“仙人洞”呈现在眼前。院子的门楼由石片砌起，粗糙古朴，上铺大片的槽形石瓦，石券门的额上大书三字：仙人洞。落款：明天启五年，即公元1625年，距今390多岁矣。穿越门洞，步入院中，举目四望，思接千古，清光绪庚辰年《绛县志·艺文卷》云：

仙人洞在县西二十里柳庄南，山径曲达，地极幽胜，上有石洞，五色天然，壁列十八罗汉像，中间石缝启处出水，涓滴不歇，洞外草木佳致，山容似画，鸟语如弦，为晋郭璞读书处。

历朝历代，朝拜郭璞者络绎不绝。1926年，绛垣中学学生景达、卫奇文等238位学子在此朝拜郭璞并捐资重修仙人洞。他们义无反顾地奉献着自己的虔诚，这些学子的事迹记录在这块躺卧在荒草丛中的《重修仙人洞碑记》上。他们修好仙人洞后，在石壁上留诗赞美涑水之源曰：

千辛万苦不辞劳，远望方知出处高。
山间岂能留得住，终入大海作波涛。

只是岩石风化剥落，这首小诗看不见了，它含蓄蕴藉地告诉我们，郭夫子的思想是涑水河的源头，他的学术思想难道只能留在此处的山水之间吗？不是的，它最终要流入涑水、归入黄河、进入国学文化的大海之中以掀起滔天的文化波涛！

（2016年12月30日运城电视台“文化视线”一套节目20：02和22：00首播；二套节目22：39次播。12月31日一套12：48三播。2017年元旦三套节目19：15四播；四套节目7：45五播。解说词入县志办2016《闻喜年鉴》。第二、三、四、五集尚未脱稿，故不辑入）

江　赋

晋·郭璞

咨五才之并用，寔水德之灵长。惟岷山之导江，初发源乎滥觞。聿经始于洛沫，拢万川乎巴梁。冲巫峡以迅激，跻江津而起涨。极泓量而海运，状滔天以淼茫。总括汉泗，兼包淮湘。并吞沅澧，汲引沮漳。源二分于崌崃，流九派乎浔阳。鼓洪涛于赤岸，沦余波乎柴桑。纲络群流，商搉涓浍表神委于江都，混流宗而东会。注五湖以漫漭，灌三江而漰沛滈汗六州之域，经营炎景之外。所以作限于华裔，壮天地之崄介。

呼吸万里，吐纳灵潮。自然往复，或夕或朝。激逸势以前驱，乃鼓怒而作涛。峨嵋为泉阳之揭，玉垒作东别之标。衡霍磊落以连镇，巫庐嵬堆而比峤。协灵通气，濆薄相陶。流风蒸雷，腾虹扬霄。出信阳而长迈，淙大壑与沃焦。

若乃巴东之峡，夏后疏凿。绝岸万丈，壁立赮驳。虎牙嵥竖以屹崒，荆门阙竦而磐礴。圆渊九回以悬腾，溢流雷响而电激。骇浪暴洒，惊波飞薄。迅澓增浇，涌湍叠跃。砯岩鼓作，漰湱泶瀫。□，溃濩渀漷。潏湟淴泱，瀹。漩澴荥瀯，渨濆瀑。溭淴涓，龙鳞结络。

碧沙遗而往来，巨石硉矹以前却。潜演之所汩淈，奔溜之所磢错。𡾋隒为之泐崿，崎岭为之嵒崿。幽积岨，礐硞谣磪。

若乃曾潭之府，灵湖之渊。澄澹汪洸，瀇滉疡泫。泓汯泂澋，涒邻渊潾。混瀚灦涣，流映扬焆。溟漭渺湎，汗汗沺沺。察之无象，寻之无边。气滃渤以雾杳，时郁律其如烟。类芒浑之未凝，象太极之构天。长波浃渫，峻湍崔嵬。盘涡谷转，凌涛山颓。阳侯砐硪以岸起，洪澜涴演而云回。浤沦流瀼，乍邑乍堆。豃如地裂，豁若天开。触曲𡾋以萦绕，骇崩浪而相礧。鼓窟以漰渤，乃溢涌而驾隈。

鱼则江豚海狶，叔鲔王鳣鹛鰊鲉，鲮鳐鲶鲢。或鹿觡象鼻，或虎状龙颜。鳞甲镩错，焕烂锦斑。扬鳍掉尾，喷浪飞唌排流呼哈，随波游延。或爆采以晃渊，或吓鳃乎岩间。介鲸乘涛以出入，鯼顺时而往还。

尔其水物怪错，则有潜鹄鱼牛，虎蛟钩蛇。蜦[illegible]蜡蝐，。王珧海月，土肉石华。三蝬江，鹦螺蜁蜗，璅蛣腹蟹，水母目虾。紫蚢如渠，洪蚶专车。琼蚌晞曜以莹珠，石砝应节而扬葩。蜛蝫森衰以垂翘，玄蛎魂碟而碨，或泛潋于潮波，或混沦乎泥沙。

若乃龙鲤一角，奇鸧九头。有鳖三足，有龟六眸。赪螯胏跃而吐玑，文魮磬鸣以孕璆。拂翼而掣耀，神蜧蝹蜦以沉游。马腾波以嘘蹀，水兕雷咆乎阳侯。渊客筑室于岩底，鲛人构馆于悬流。雹布余粮，星离沙镜。青纶竞纠，缛组争映。紫菜荧晔以丛被，绿苔鬖髿乎研上。石帆蒙笼以盖屿，蓱实时出而漂泳。

其下则金矿丹砾，云精魿银。[illegible]璓瑰，水碧潜，鸣石列于阳渚，浮磬肆乎阴滨。或炯彩轻涟，或焆曜崖邻。林无不溽，岸无不津。

其羽族也，则有晨鹄天鸡，鴢□鸥□。阳鸟爰翔，于以玄月。

千类万声，自相喧聒。濯翮疏风，鼓翅挥弄洒珠，拊拂瀑沫。集若霞布，散如云豁。产能积羽，往来勃碣。

橉杞稹薄于浔涘，栛森岭而罗峰。桃枝筼筜，实繁有丛。葭蒲云蔓，蛳以兰红。扬皜毦，擢紫茸。荫潭隩，被长江。繁蔚芳蓠，隐蔼水松。涯灌芊莱，潜荟葱茏。

鲮鯥跼于垠隒，獱獭睒乎钛空。迅蜼临虚以骋巧，孤玃登危而雍容。夔翘踦于夕阳，鸳雏弄翮乎山东。

因岐成渚，触涧开渠。漱壑生浦，区别作湖。磴之以瀿瀷，渫之以尾闾。标之以翠翳，泛之以游菰。播匪艺之芒种，挺自然之嘉蔬。鳞被菱荷，攒布水蓏。翘茎瀵蘂，濯颖散裹。随风猗萎，与波潭逻。流光潜映，景炎霞火。

其旁则有云梦雷池，彭蠡青草，具区洮滆，朱浐丹漅。极望数百，沆漾皛溔。爰有包山洞庭，巴陵地道。潜逵傍通，幽岫窈窕。金精玉英瑱其里，瑶珠怪石琗其表。骊虬摎其址，梢云冠其喦。海童之所巡游，琴高之所灵矫。冰夷倚浪以傲睨，江妃含嚬而矊眇。抚凌波而凫跃，吸翠霞而夭矫。

若乃宇宙澄寂，八风不翔。舟子于是搦棹，涉人于是榜。漂飞云，运艅艎。舳舻相属，万里连樯。溯洄沿流，或渔或商。赴交益，投幽浪。竭南极，穷东荒。尔乃雰祲于清旭，觇五两之动静。长风飂以增扇，广莫而气整。徐而不，疾而不猛。鼓帆迅越，涨截洞。淩波纵柂，电往杳溟。霩如晨霞孤征，眇若云翼绝岭。倏忽数百,千里俄顷。飞廉无以睎其踪，渠黄不能企其景。

于是芦人渔子，摈落江山，衣则羽褐，食惟蔬钚。栫淀为涔，夹潨罗筌。筩洒连锋，罾罶比船。或挥轮于悬崎，或中濑而横旋。

忽忘夕而宵归，咏采菱以叩舷。傲自足于一呕，寻风波以穷年。

尔乃域之以盘岩，豁之以洞壑，疏之以逦沲，鼓之以朝夕。川流之所归凑，云雾之所蒸液。珍怪之所化产，傀奇之所窟宅。纳隐沦之列真，挺异人乎精魄。播灵润于千里，越岱宗之触石。及其谲变儵怳，符祥非一。动应无方，感事而出。经纪天地，错综人术。妙不可尽之于言，事不可穷之于笔。

若乃岷精垂曜于东井，阳侯遯形乎大波。奇相得道而宅神，乃协灵爽于湘娥。骇黄龙之负舟，识伯禹之仰嗟。壮荆飞之擒蛟，终成气乎太阿。悍要离之图庆，在中流而推戈。悲灵均之任石，叹渔父之棹歌。想周穆之济师，驱八骏于鼋鼍。感交甫之丧佩，愍神使之婴罗。焕大块之流形，混万尽于一科。保不亏而永固，禀元气于灵和。考川渎而妙观，实莫著于江河。

《江赋》，释名曰：江者，公也，出物不私，故曰公也。风俗通曰：江者，贡也，为其出物可贡。晋中兴书曰：璞以中兴，三宅江外，乃著江赋，述川渎之美。

郭璞，臧荣绪晋书曰：郭璞，字景纯，河东人。璞性放散，不修威仪，为佐著作。后转王敦记室参军。敦谋逆，为敦所害。又云：有人见其睡形变鼍，云是鼍精也。

汤王山景区写意

巍巍汤王山，位于中条山中部，海拔1750米，西南与夏、运相望；东北与绛、垣为临，群山环绕，气象万千，山灵石奇，鸟兽成群，苍松郁郁，空气清新，乃天然氧吧。朝出云封山顶，暮观日挂林间，林涛如歌，流水潺潺。登高而瞻，南望可见黄河之水，西眺可见盐池白光。山顶雄鹰石下有郭璞书堂，为晋文学家郭璞景纯公读书隐居处。祭风塔基，悬石之下，古人仰凿斗大四字云：层峦叠翠，有千钧之力，甚是威风。

公元前1711年，商汤爷驻跸此山，调动天下兵马，灭桀于鸣条，在位17年。他勤政爱民，廉洁清正，网开三面，仁治天下，国泰民安，百业兴旺。

但天有不测风云，是年大旱，来年再旱，以至七年，祈雨不得，苍生涂炭。为感动上苍，汤王将自己作为牲礼，摆上祭坛，下置柴薪，点火自焚，以示其诚。烈火刚起，雷电炸响，风送乌云，大雨倾盆，汤王得救，万民得雨，后人遂唤此山曰汤王山。

山得圣而名，山上建了汤王庙，供了汤王像，立了祭风塔。塔下有天王古井一口，八景碑载曰："有自然石池恒不竭。"半山有尼姑庵、将军庙。木盆村有和尚寺、大雄宝殿，碑碣林立。因年深日久，均已泯灭，遗迹微存，只能怀古空吊，追思哀怜。但汤王庙香火始终不断，千百年来，人们求风得风，求雨得雨，更有求福、寿、禄、财、仕、学、子、婚、药、安者，唤作汤山十求，无有不应。每年

三月三，乃汤王寿诞，心怀十求者络绎不绝于途，成圣山一景。

如今政府参与，规模宏大，形势正统，处处显露出官方做派，电视台取景，摄影师拍照，丹青绘画，文人作诗，为圣山石龙、石虎、石鹰、石龟、石蟾蜍、石麒麟、石凤凰、牛拉磨等等自然景观增添了无限人文风采。

启请您到汤王山，这里的迎客松、海棠花、汤王蜜欢迎您。汤王山人民热爱您，发展的汤王山欢迎您！

汤王山八景谈

汤王山上，五峰巍峨，景点星罗棋布，若曰八景，实亏此山。山上景景有人文，流传着汤王在此山屯兵灭夏的美丽传说。

汤王山主脉南北走向，起起伏伏，蜿蜒奔腾，《山海经》称其为景山。商朝开国皇帝成汤扎寨于此，屯兵将军池，练兵走马岭，歇驹卧马滩。山得圣而名，后人遂改景山曰汤王山，历朝历代，修建庙宇，供奉祭祀。

乾隆庚午年，邑令西蜀王瑞霖于山巅悬壁镌斗大四字云："层峦叠翠"。明万历十年得"南天"之称。

这里千年古桑，老态龙钟；百年樱桃，根深叶茂；林海茫茫，波浪汹涌；条条巨龙，起伏腾飞，蔚为壮观。

这里奇花异草应有尽有，牡丹、百合、冬花、芍药、丁香、海棠、连翘诱人注目，野果遍布。

这里寒冬腊月，瑞雪披松，冰凌枝头，侵入天际，收尽北国风光，好一座巍峨的圣山！

汤王庙

公元前1711年，成汤灭夏，拯救百姓于水火之中。时大旱七年，汤自作牺牲，自责六事，祷告上帝，感动苍天，遂降甘露，民

得恩惠。为纪念这位爱民如子的开国大帝，百姓在汤王山观星台旧址上建起汤王庙，此庙盛于唐、宋、元、明、清，衰于民国战乱。始建朝代不详。

汤王庙建筑群气势雄伟，如群龙腾飞，几经沧桑，风风雨雨，现已破败不堪。殿内塑像，历朝历代几经改变，泥塑、木刻、蟠龙石柱精雕细刻，诱人注目。新中国成立前，正殿铁铸四条吊龙，昼夜滴水，日流半桶。水从何来？庙内摆厅上摆着铜锣、勺头、铲锅铣。此三物只可远观而不可近渎焉，若将勺头拿走，到半山就变成一只蛤蟆了，若将铲锅铣拿走，到半山就变成一条小蛇了。

农历三月三，人们上山进香，纪念汤王诞辰。新千年第一年的三月三，横榆、青山、西坪、白家滩四村千余群众，在县人大代表王占奎和村干部的鼓动下，上山祭汤，拉动当地经济发展，慕名而来的群众络绎不绝。

将军庙

将军庙也叫将军池，原名二台庙，为汤屯兵重地。夏桀不理朝政，沉于酒色，不听忠言，滥杀无辜，诸侯自立，各霸一方。汤派伊尹相劝，并不改悔，汤便率军上山，招兵买马，操练队伍，壮大力量。天下百姓从者如蚁，遂旗开得胜，灭夏建商。

唐、宋时代，在二台庙创建雷公寺，至明末，墙垣颓败。清康熙五十二年，在二台庙址建将军庙。此庙为全石造就，脊梁上置宝剑一把，内塑三尊铁铸将军，一尊手执摇铃，一尊手捧雨伞，一尊口中喷水。执摇铃者为雷公，捧雨伞者为电公，口里喷水者为雨公。

20世纪60年代此三公不翼而飞。90年代盗墓贼泛滥，为盗脊上宝剑，将庙毁于一旦。

尼姑庵

尼姑庵始建于明隆庆三年五月，其碑曰："绛州司，尼僧张云山，绛县陈门始祖所创建，送神上山供奉尼庵……"可惜此文物遗产毁于中条山战役之时。

如坪如园的尼姑庵，岩松围嶂，树林蔽日，清爽阴凉，百鸟争鸣，岩器泽德，银燕飞翔。院有五水曰五龙泉，且有文房四宝。望景台凸兀其北，点缀石青蛙、神龟、雄鸡等景观，令人目不暇接。一巨大石棺，乃商汤时炮制，名曰"冲丧龛"，象征大吉之兆与背水一战的决心。

传说尼姑是绛县横水一带人氏，闻喜礼元昙泉村百姓称姑姑是昙泉人。当年三位姑姑同心合力斩妖降雨，普救众生，惠名远播。昙泉人遇到特大旱情便敲锣打鼓，头戴柳圈帽，赤板脚，由属龙的担两个大葫芦，上山求他们的姑姑赐雨，按昙泉人的说法，那是十求九不空。

景龙峰

站在景龙峰上，赶上晴空无云的天气，西顾能望见黄河和运城盐池。您若坐上观日台，红日东升，映红南天，远山久峰，如大海波浪，真个是"苍山如海"。日落西山，晚霞满天，群山披红，端的

是“残阳如血”！晚上得空，满天星斗，晶莹剔透，若宝石一般，似乎伸手就能摘到。若将视线压向山下闻喜、东镇一带，那人间灯火，似地上天河，以至天上人间难以分辨。近观眼前群山，黝黑恐怖，鬼怪遍伏，若狂风压来，松涛翻滚，只觉脚下的大山在移动，令游客不知是在游仙境还是在游地府。

明隆庆年间，张云山尼僧在观日台上刻有建庙事记。观日台是烽火台，乃汤王所设，遇到敌情，夜里点火，白天纵烟。汤王山门在景龙峰，内有一匹金马驹。

千仞崖

千仞崖如削如切，气势喷天，腰间“穿云洞”通天道，风助云飞，云借风势，云雾翻腾，滚滚而行，雨过天晴，游客如登空架云，浑身上下，飘飘然然。

崖壁平台蹲一僧，七丈余，乃此开山之祖。崖边有脚印，足迹边有浴池。成汤选中这幽静宝地，常在这里磨砺宝剑，试锋时，对准大山一劈，大山应刃而开，遂成千仞壁，书曰千仞崖。

郭璞书堂

郭璞书堂在汤王山北扶汤沟的半壁上，乃一天然石窟，十分幽静，上悬一泉，滴入石桌上的砚凹之中，不溢不涸。郭璞隐居此处，博览群书，攻克典籍，成为西晋文学家、训诂家、堪舆学鼻祖，因其砚不涸，故其文不绝。窑内有一瓦罐，已破碎风化，窑前通道石壁上有篆字五个，只是年代久远，模糊不清。窑前一宽大阳台，站立台上，可遍览十八坪、铁牛峪、裴社乡等处，视野开阔，心旷神怡，乃天赐修身养性之境地，游客攀登至此，便可与书圣对话了。

要寻郭璞书堂，必经凤凰台，凤凰台下是“八间签”。汤曾住兵马于“八间签”下，后设“清雅馆”，住着汤的一位妃子。

石　林

石林是由千万块红岩生就的一座俊秀小峰，其岩峥嵘，狼牙裂齿，如翼如飞，有虎、有鹰、有象、有仙、有道、有僧，步入其中，全如进入童话世界一般。太阳当空，一片赤红，一石一木都依附着一个闪光的故事和传说，更兼连翘花开，满山铺金，更有一样奇物——石茶。那是生长在石头上的一种茶，此茶唯汤山独有，所以《茶经》未载。此物乃下火解焦之真品，汤王山下白家滩人，家家必备，常用来馈赠亲友，凡得此物者，视若珍宝。

青龙岭

崎岖小路伴无数战壕蜿蜒而上。那些战壕挖掘于 1941 年 5 月，时日本人打进娘子关，攻破太原城，如洪水决堤，汹涌南下，要打过黄河，打到西安老舅家去。为保西安古城不遭战火之焚，蒋介石调动二战区 20 万大军开进中条山，其国民革命军第三军驻扎在汤王山上。他们在此挖掘战壕，拉开决斗架势。可惜老蒋本事不行，一场大战下来，20 万大军被打得丢盔撂甲，十几万中华健儿血洒中条。

为争夺汤王峰制高点，中日双方曾在青龙峰展开拉锯战。国民革命第三军大部战死在青龙岭，故青龙岭乃红色人文景点之一。

1958年大闹钢铁时，汤王山人在战壕里挖弹壳炼铜，只要找准扎机枪的地方，一会工夫就能挖几篮。就是现在去挖，也能挖出子弹壳、手榴弹，有时还会挖出带翅膀的小炮弹来。在大炼钢铁的政治运动中，横榆大队因此曾得石门人民公社“大炼钢铁英雄集体”光荣称号。

青龙岭人文久远，其南崖绝壁处潜着老君炼丹处，左有神仙对弈台，右有成汤读书庵。北宋宣和三年，有五名游客游到此处刻字留名。岭顶是一列车队，浩浩荡荡不见其尾，乃大汤出征时几十万大军开赴战场的雄伟景观。游客若站在横榆山上瞭望，那车队气象更为壮观，石门人称其为“牛拉车”。

欢迎你攀附圣山，赏此大观，真所谓“走千步路，读万卷书”，登一层山峰，上一个境界。

红色人文

心红胆壮志如钢

——记横榆民兵英雄群体的杰出人物司治安

司治安，1916年出生于河南省济源市一个叫北泉的村庄。1925年因家乡闹饥荒而随着父母逃难到闻喜县石门乡青山村上横榆，抗战时期曾被誉为“闻喜民兵的旗帜”。童年的小治安特别能吃苦，腿脚勤快，十七八岁时便长得身材魁梧，已经完全顶得住一个成年劳力，而且治安为人豪爽，好抱打不平，在方圆山庄人缘极佳。平时，他说的最多的话就是，什么时候能够实实在在凭着自己的力气，安安稳稳地过上好日子就心满意足了。然而，在那暗无天日的旧中国，由于三座大山的压迫，像司治安那样千千万万的普通老百姓极少有能如愿的。反动的封建势力、国民党匪军和日本侵略者毁灭了多少善良人的梦想，但也磨砺了司治安这样血性男儿钢铁般的革命意志。

接受组织考验

在20世纪30年代，有志寻找出路的贫苦人都会投奔共产党。1936年春季，司治安获悉中共河东党组织负责人嘉康杰组织农民在中条山暴动以迎接红军东征的消息后，深受鼓舞。他激动得几天不能合眼，决心跟党干革命。1938年抗战全面爆发后，他毅然到夏县

曹家庄参加了抗日自卫队，不久又到侯马参加了军事政治培训班，并给太岳老二团当秘密交通员。从横榆到济源400多里，一路要翻越中条、王屋两座大山，其间的陡峰险隘不计其数，山上少有食物，加上日军在沿山和重要的关隘修了500多个炮楼和据点，晋南豫北的百姓都把这一线山路称为“鬼道”。就是这样的艰难险阻，年轻气盛的司治安竟然两次冒着生命危险单枪匹马闯了过去，为济源东山底的抗日部队运送枪支。人们难以置信他是怎样从日本人眼皮底下过去的，此举在太岳地区一时传为神话。

1941年到1942年，日军为了准备太平洋战争，不断“扫荡”搜山，实行三光政策。贾真一假借抗日之名，扩充自己的势力，盘踞后交一带村庄，经常抢粮逼款，拉夫充军。而司治安竟然一次次冒险出去，又一趟趟平安归来，以致太岳五地委、冀北二地委的紧急而重要的信件都由他来传送。1943年，司志安担任了横榆民兵连副连长。

1944年，在八路军老二团康支队的支持下，闻喜县抗日民主政府在后川村香炉沟成立。某日，县政府在东裕沟突然遭遇贾真一袭击，形势危急。身为民兵副连长兼农会干部的司治安闻讯立即率队奔赶过来，激战半个时辰，将来犯之敌击溃，保卫了新生的人民政权。

1944年6月19日，经王昭、姚光前介绍，司治安加入中国共产党，实现了他多年的夙愿。司治安这个平生根本不会掉眼泪的硬汉子，竟激动得热泪盈眶。他不善言辞，只是重复着一句话：“我要跟党干到底！”从此他的革命热情更高了。1945年根据中共闻喜县委、县政府的指示，他带领群众在周边山庄开展反奸清算斗争，从政治上打倒了地主汉奸的威风。为了解决抗战部队的生活问题，他成立了“变工组”，把所有的青壮年群众组织起来，开展大规模的生产运动，改善了居民的物质生活。

坚如磐石的革命意志

抗战胜利后，国民党反动派和阎锡山军队猖狂进犯我闻夏垣地区。面对气焰嚣张的敌人和艰难困苦的斗争，一些人变节投敌了。

司治安的妻兄史三林在国民党特务贾真一部当差，贾真一想让史三林利用亲戚关系拉拢司治安。1947 年春的一天，史三林得知司治安与其通讯员梁建忠回家的消息，便赶到上横榆柏树沟司治安家。这位大舅哥一边夸妹夫智勇双全，一边又替妹夫惋惜，便以封官许愿劝妹夫投贾部。司治安听出大舅哥是来为贾匪当说客的，当即便将筷子摔在炕头，喝道：“你快住嘴！你们这些坏蛋都是秋后的蚂蚱——蹦跶不了几天了！”史三林见软的不行，便把手枪摔在炕头说：“共产党那几条破枪根本赢不了，我是为你好，不要敬酒不吃吃罚酒！”司治安立马掏出家伙，把枪对准大舅哥的头，让通讯员先走，随后他也离开。史三林还不死心，又追到砂石窑上威胁说：“你们谁也别走，再走就开枪了！”通讯员梁建忠取下长枪，对准史三林说：“我让你看着老子走！”司治安说：“我咋会有你这号亲戚，呸！真丢人！史三林你给我好好听着，你要是再作恶，我就毙了你！”

英雄母亲大义凛然

司治安的存在，令盘踞中条山一带的土匪坐卧不安，但又无计可施，绷紧了弦却打不着，刚放松警惕却又遭打，劝降不能奏效，硬拼更是吃亏。尤其是雷哼哼部对司治安更是又恨又怕，欲灭之而后快，但很难找到下手的机会。于是，他们便将司治安的亲人作为报复的对象，扬言要将司治安的子女劈作八瓣喂狗。

1946 年秋季，雷部一伙匪徒开始悄悄实施他们的“除根”计划。他们在上横榆柏树沟开始逐门逐户查找司治安的子女。在搜完郭子华、严小女的家后来到司治安家。此时，司治安的娘与三个孙子就在窑内，毫无防范，情况危急。郭子华、严小女商定对策，便与司治安的老娘坐在一起。敌人对这三老三小进行盘问。经过一番查问，她们没有露出破绽，敌人退出。却遇一农妇前往柏树沟亲戚家送还耕牛，敌人上前套问，她便指认了司治安的家。

匪徒们立即调回头，把尚未转移的三老三少包围，将司治安的母亲拉到院中，严刑拷打，让她交出司治安的子女。司母被打得皮开肉绽，七窍流血，昏死过去，又被用冷水浇醒。老人一字不吐，雷部匪徒一气之下用枪托狠狠地将司治安的母亲砸死。郭子华见状立即将司治安的大女儿和儿子一把拉进怀抱，并暗示二女儿扑进严小女的怀里。三个孩子一起哭喊着唤妈，敌人信以为真，离开司家。随后，郭、严二人立即将司治安的三个子女转移到安全地带，又返回与邻里们一起安葬了他的母亲。

事后，党和政府了解到这位伟大母亲的英雄事迹，重新举行了隆重的安葬仪式。那一天，横榆老区的全体父老乡亲们纷纷自发前来，为革命的老妈吊唁送行。

壮士血染横榆河滩

1946年夏，秉承蒋介石内战旨意，进犯晋南解放区的胡宗南部侵入石门山区。霎时间，闻垣交接处阴云密布，浊浪狂翻，地主富农和各种顽匪乘机嚣张，耀武扬威。司治安迅即带领民兵连，配合正规部队在后川、后交、石门一带村庄与敌人交战。一日，司治安的民兵连由后川返回东峪沟，途经柳峪时，听到鸡山上枪声大作。他立即率领民兵奔赴鸡山，协助我军55团打败了国民党贾真一部，使胡宗南企图与贾部合围我军、占领上下横榆的计划破产，从而使得隐蔽在横榆地区的闻喜、猗氏、安邑、万泉、河津和稷麓等县政府机关领导人赢得安全转移的时间。

横榆老区人民同驻军一起同仇敌忾，取得了捍卫抗战胜利成果、反奸清霸和反击蒋介石进犯解放区等一系列工作的重大胜利。1947年元旦，为了鼓舞人民的革命斗志，横榆民兵在东裕沟民兵队部驻地排演文艺节目，因临场缺少一把二胡和铜锣，司治安和通讯员梁建忠二人便去横榆柏树沟家去取。返回途经十八亩地时，发现东峪沟口河滩有几百名胡军士兵在晃动，司治安立刻意识到敌人很可能知道我民兵队部和隐蔽在东峪沟的六个县政府机关。他马上命令通讯员梁建忠迅速前去东峪沟报信，自己留下来牵制敌人。通讯员走后，他火速跑到离横榆村公所较近的一处高地，鼓起勇气大喊："堡园的村公所赶快转移！敌人来啦！"随后，他"蹭"地跳下崖壁，朝着敌人开枪。正在行军中的敌军听到枪声，立刻扑了过来。司治安边打边退，不觉间已经把敌人吸引到前南洼。打了半个时辰，敌人才发现只他一人，便高喊抓活的。于是一部分敌人正面与他激战，另一部分则兵分两路由左右小少洼上山切断他的退路。司治安被包围了，他的右腿中弹，蹒跚着爬进树林丛中。突然一梭子弹打掉他的下巴，司治安晕过去。敌人以为他死了，遂掉头撤离。这时，司治安用尽全力，掏出仅有的一颗手榴弹，砸向敌群，轰隆开花炸死一片。敌人掉转枪口，向小树丛一阵乱射。年仅 31 岁的司治安中弹无数，英勇牺牲。

他的通讯员梁建忠接受任务后，向东峪沟拼命奔跑，竟致口吐鲜血。但他全然不顾，硬是坚持到县政府驻地。通报情况后，立即引领我军，投入到营救司治安的战斗中。当我军到达战场时，人们看到烈士的身体像“筛筛底”，全身上下没有一处完好的皮肉。

巍巍中条，庄严肃穆，泱泱黄河，湍流呜咽……在安葬司治安烈士时，闻喜县抗日民主政府在横榆举行了隆重的追悼大会。县长卫佐民在悼词中说：“司治安同志是人民的好儿子！是革命队伍中的硬骨头！他的名字和事迹将永远活在人民的心中！像巍峨的汤王山一样永葆青春！”随后，卫佐民县长与其他干部一道亲自为司治安同志入殓抬棺。

说来也怪，来年清明节，祭奠烈士英灵的人们发现，许多野山花聚拢在烈士的坟头，形成了一个大大的花团锦簇的花圈。从此，横榆人民便把这一簇簇的野山花看作司治安烈士的象征物。司治安烈士永远活在我们心中，他的事迹化作建设新农村的精神动力，激励着一代又一代的老区群众！

中条山里的刘胡兰

——记刘胡兰式的英雄任二姐

中条山里的任二姐比刘胡兰早逝 10 个月，她牺牲时壮烈的气势不比刘胡兰逊色。

她就是我们横榆老区人民的女中豪杰——任桂英，生于 1903 年 3 月 28 日，因排行第二，人们称她“任二姐”。她的家在亳清河畔的北峪村。父亲靠给人扛长工、打短工养家，母亲凭借纺花织布糊口。

二姐从小侠义，遇不平之事就倔强异常。一次，她放牛归来，在村口碰见村民钱广田，见她肩上扛一小捆柴火，便硬说是砍了他家的小树。二姐据理力争，却被钱打了一巴掌。二姐死死拉着钱到现场去察看，钱看到自己的树苗并未损失，这才认错。任二姐说在真理面前认输那叫有风度，在暴力之下屈服那叫耻辱。后来，任二姐经人说合与横榆村的青年张永昌结为夫妻。

1943 年冬天，太岳军区与三地委、三分区开始实施歼灭国民党特务贾真一部的行动计划。为此，太岳区党委派遣两位女干部秘密在横榆地区开展工作，她们从建立“农妇青儿救国会”组织着手，领导群众积极分子进行反奸清霸斗争，并在斗争中物色干部，相机发展党员。这两位女干部一个叫丁云，一个叫王昭。由于任二姐思想进步，办事干练，综合素质高，上级决定将这两名女干部安排在

她家住。

住进任二姐家以后，三人情同姐妹。对于这两位客人的来历和她们要做的事情，二姐很是明智，一概不问。她认为，应该知道的事情，干部自然会告诉我的。对于任二姐的家庭情况和她的为人秉性，两位干部十分清楚。相处中，两位干部开始启发二姐的政治觉悟，她们从村上贫苦百姓遭受蒋阎政权和土匪势力欺辱、辛勤劳动却不得温饱的境况说起，逐渐谈到穷苦农民要改变自己的命运，关键要有一个好的党来领导穷人闹革命，推翻不平等、不合理的社会制度，建立没有剥削、没有压迫的民主自由社会。二姐觉得这些道理头头是道，她懂得了共产党是专门为穷人谋幸福的党，加入党组织是非常光荣的事。

当时，驻扎在下横榆窑沟圪塔炮楼里的日本鬼子，不时地到周边村庄骚扰百姓。他们进村见牲畜就抢，见妇女就抓，搞得村民们整天心惊胆战。1945 年清明节前后，趁着夜深人静，丁云、王昭和任二姐扛着石雷，带着铁锹出村，任务是到日军下山的小道上挖坑埋地雷。她们正在挖坑时，被日军巡逻哨兵听见了，一道手电光射过来："什么的干活？！"随即听见"哗啦啦"拉动扳机的声响。说时迟，那时快，只见二姐冲出去，朝着相反的方向跑，还大声干咳着。一群鬼子随后追赶。由于二姐地形熟悉，未等敌人追上便消失在秘林中。日军只好胡乱放了几枪，便又躲进炮楼里。趁此机会，丁、王二人埋了地雷。次日傍晚，只听"轰、轰"几声巨响，她们埋的石雷将日军炸死一个，炸伤一个。

经过斗争的考验，党组织认为二姐是个干家。1945 年 6 月 18 日夜间，在二姐家窑洞的墙壁上挂着一面党旗，由党支部书记宋气顺主持，任二姐站在党旗下庄严宣誓，加入了中国共产党，成为闻喜县最早的女共产党员之一。接着，丁云和王昭又在横榆组建妇救会，任二姐、段金兰、晁玉梅当选为妇救会干部，二姐担任主任。

入党以后，二姐积极工作。她走村串户，宣传革命道理，组织妇女为八路军游击队运送公粮，给伤员做饭、洗衣、做军鞋，还教妇女儿童唱革命歌曲。其中两首最为流行，唤作《贾真一在晋南》和《穷人活得不如人》，这两首歌对发动群众，特别是广大妇女拥军支前起了很好的作用——

贾真一在晋南
百姓哭连天
绳捆索绑吊打你
说你有问题
央人说好话
票子大把拿
送上大肉和鸦片
他才放过你

八路军到晋南
百姓笑开颜
敲锣打鼓来迎接
赶快进咱院
共商打顽匪
早日把贾匪消灭完

第二首叫《穷人活得不如人》——

穷人活得不如人呀
提起来好伤心
穷人血汗已流干
揭锅无米饥难忍
活得不如人呀
提起来好伤心
地主住的瓦房楼
穷人住的破草屋
进门来还要低下头
唉哟 唉哟
进门来还要低下头

由于二姐工作起色，党组织又派她到南郭村开展妇女工作。在工作中，她敢于坚持原则，对于那些破坏支前的行为常常公开批判，对于一些消极思想和苟且之事也决不放过。

1946年10月的一天，情报员来报，胡宗南部来犯，马上就要到横榆了。情况紧急，容不得多想，她立即组织群众把所有能够吃、喝、用的东西全部坚壁清野，然后指挥村民们撤退。到她转移时为时已晚，与部分群众被抓获后带到下横榆村的一座大场院里。因二姐被横榆学堂老师金常变出卖，敌人知道了二姐的身份及详细情况。只听一名军官对着人群高喊：“谁是张永昌的老婆！给我站出来！”

场上鸦雀无声，群众面面相觑。

这时，那军官又喊道：“我们已经知道你就藏在人群里！如果再不站出来！就统统枪毙！机枪手准备！！”

这时，一名敌兵端过一挺机枪，趴下去，枪口瞄向人群。只要他的食指轻轻一搂，大的流血事件，顷刻之间，就会发生！

这时，只听二姐大声喊道："慢！是我！"

"给我捆了！"

村崖壁许振庭家的窑洞门口，两名手持长枪的兵笔直地挺立着。任二姐被五花大绑着带进了窑内。

进入窑洞，光线较暗，任二姐只闻到阵阵浓烈的香烟味和干咳声。好久，她才看到炕头坐着一个人——正是出卖她的金常变。顿时，她怒火中烧，气愤难耐。金常变令人给二姐松绑，并责骂手下人为啥如此对待一个妇女。

金常变说："二姐呀，别怕，我们是熟人，只要你讲出农会干部的名单，粮食藏在哪里，马上就放你回家。"

"不知道！"任二姐回答。

"我知道你是知道的，不就是那么几个干部吗？你心里很清楚。"

二姐说："我当然知道，但是决不告诉你这汉奸！"

金常变不仅没有发火，还开导二姐说："你是聪明人，只不过是一时被共产党的迷魂汤给灌晕了头。实给你话说，现在的天下明摆着是国民党的，识时务者为俊杰呀！什么解放呀，革命呀，土改呀，翻身呀，这都是共产党骗人的话。其他人的话你可以怀疑，难道我的话你也不信吗？"

"除了共产党，这个世上我谁也不相信！"二姐坚定地说。

"你可不要敬酒不吃吃罚酒。"金常变变脸了，"你睁眼看看，你要是不回头，今天你能走出这口窑吗？你再这样固执，你的生死，我就管不了啦！"

"你管我？笑话，你以为你做的坏事群众不知道？过去的旧账还

没跟你算，今天你又作孽，党和政府明天就会跟你算的！到时叫你这个狗东西死无葬身之地，不相信，就试试！”

金常变听了这话，到外边使了个眼色，随后进来几个人，把二姐拉走了。

在横榆村的一所院落里，敌人对她施刑——逼她坐在一条板凳上，然后用绳将腿捆住，再从脚下垫砖。每垫一块问她一句：“说不说！”垫到第8块，她昏死过去，又用冷水将她浇醒，如此数番。

此时那名军官“嚯”地站起来，大声嚷嚷：“我就不相信共产党人的骨头比铁硬，我来！”他用铁丝扎住二姐的双手和十指，再用耙齿从指缝间楔下去，只听骨节嘎嘎折断。

横榆村段文顺的窑洞里，炕上、地上挤满了村民，其中有二姐八岁的儿子。这时只见敌人夹着二姐进来了，那军官发话道：“任二姐，看看你的孩子吧，孩子不能没有娘呀！如果要活命，就说出农会的干部和粮食的下落，我马上放你，让你母子团圆，怎么样？”

二姐缓缓走过去，弯下腰，用她的脸蹭了蹭孩子的脸，然后亲了亲孩子的嘴，便走了出去。一群拿枪的、带刀的跟了出去。

酷刑使尽了，敌人决定杀害她。

听见横榆村水泉沟内传来“共产党万岁！毛主席万岁！”的口号声，接着传来几声枪响，一个女中豪杰的身躯徐徐倒下。

之后，一无所获的胡宗南部在村里折腾几下之后，撤走了。横榆村民们奔向水泉沟，抱着她的遗体，放声大哭。

不久，闻喜县民主政府为任二姐举行了一个隆重的追悼大会。县委书记安振致悼词，高度评价了任二姐在对敌斗争中的英雄壮举。安振同志最后说，任二姐之死，死得其所！重于泰山！！

智勇双全　英勇善战

——记横榆民兵连长段信智

传说，很久很久以前，后川村南的高巴山背后，有一块低洼地，那里藏着一对金香炉。每当夜深人静，两只香炉就闪闪发光，光亮照耀着整个小村子。这光亮为世世代代的村民带来了安宁和幸福。后来，人们就把这个村子起名叫香炉沟。1921 年农历五月二十一日，一个名叫段信智的婴儿就降生在香炉沟。后来，随父母搬至梁家庄居住。

（一）

父母希望儿子能摆脱缺粮少食的贫穷命运，过上温饱生活，给他起了个乳名叫麦囤。一岁那年，爹将麦囤送到地主梁金生家当放牛娃。不久，信智逃出梁家这座“地狱”，又跌进河底镇冯村地主家的“火坑”。在那里，他辛苦一年，工钱却被扣了一半。

1941 年，日军侵占中条山，后川村也陷入敌手。百姓除了倍受日军的“三光”政策之苦，还要遭到贾真一、王万顺、解宝盛、雷哼哼一伙土匪的盘剥和骚扰。面对百姓的艰难和世道的不平，段信智内心十分怨恨与困惑，很想找到彻底改变命运的办法。

1943年8月，八路军康支队由夏县转战横榆一带，开辟了横榆抗日根据地。次年初，闻喜县抗日民主政府在香炉沟建立，他看到了光明和希望。从此，他接近八路军干部和进步人士，积极参加各种抗战活动和群众工作，从不计较得失，而且还会创造性地开展工作，深得群众的拥护。不久，后川村的各类抗日机构逐渐建立，广大贫苦群众一致推选段信智为村武委会主任。此后，他便如虎添翼，率领群众搞起轰轰烈烈地“反奸清算”斗争。他又到后川、石门等村发展民兵组织。段信智的工作成效，得到党组织和群众的肯定，却招致后川一带地主恶霸的忌恨，连贾匪、日伪军也要除掉他。

智勇双全的段信智，面对敌人的威胁却反向思维，以“帮忙”为由把老婆留在地主梁金生家。临别时警告梁金生：“我既然做了抗日这样的大事，就什么都不怕，更不把你放在眼里！我老婆如有意外，我让你全家人不得好死！不信咱就试试！”

（二）

段信智的聪明才智，还表现在他的创造发明上。他小时候就总爱琢磨个小手艺窍道。担任武委会主任后，他常常与民兵一起研究缴获的日军武器，但因缺乏科学知识又不得不一一放弃。但他发明的“枣木地雷”和“石头地雷”却在战场上派上了用场。

一次，驻守红石山的日军开赴汤王山，到店上村时踩上枣木雷，日军和自卫团各死伤一人。

为了阻断红石山日军与闻喜城指挥部的联系，段信智利用夜幕作掩护，剪断了日军周边的铁丝网，并在据点内侧埋了石雷，第二天炸死 3 个正在巡逻的日本兵。几天后，他与垣曲县抗日自卫队队长张献功一起，在刘庄冶山上伏击由横岭关经过的日军。二人弹无虚发，接连击毙 7 名日本人。

1945 年 5 月间，段信智率领横榆民兵在横榆、石匣、刘庄冶等村寨歼灭贾真一残部。他冲锋在前，抓获张国栋、刘锦文、侯元魁等 6 名贾匪的骨干死党。民兵连共俘虏匪徒 200 多人，使贾部势力大为削减。

1946 年 5 月，国民党胡宗南部进犯晋南解放区。在强敌压境的情况下，段信智率领 60 多名横榆民兵，护送闻喜县民主政府 10 余名党政干部及太岳三分区医务人员、伤员 40 余人由中条山东峪沟向夏县大石坪村根据地转移。胡部自恃人多势众，装备精良，把横榆民兵包围在一处农家小院内。段信智等缩在窑里，与敌对抗两天半，粮尽弹绝，没了生路，看来，只有以身报国了。他们拿起大刀、长矛、锨、镢、锄、杈把，高呼："杀他一个够本钱！杀他两个赚一个！"这时忽听得冲锋号响，我后援部队赶到，内外夹击，敌人方退。

（三）

1947 年春，横榆民兵连长司治安牺牲后，段信智任连长。他率领民兵越打越远，名声越打越大，东到垣曲黄河沿岸，北到绛县西，西达闻喜界元、白石一带，南达河南三门峡，还一度打到霍县一带。他们发扬横榆老区人民的革命精神，能吃苦、能耐劳、会打硬仗，敢打大仗，从 1944 年到 1948 年，与蒋阎部队、国民党特务武装及

地方土顽势力等作战100余次，打死打伤敌人300余人，缴获火炮2门、机枪1挺、长枪31支、短枪60支。

在1947年迎新年庆功会上，横榆民兵荣获太岳军区颁发的“中条山保卫者”锦旗一面，所属的两个排也荣获奖旗。仝云福、金天礼、杜永清等同志荣立一等功，另有二人记二等功。段信智荣获“解放勋章”一枚，荣立特等功1次、一等功5次、二等功1次。

1947年，段信智参加中国人民解放军，被授予上尉连级军衔。新中国成立后，他担任闻喜县第三区武装部教导员、县武装部动员科科长和解虞县兵役局某部副部长等职。于1958年转业到地方工作，历任闻喜县石门公社武装部长、县轧花厂副厂长、县棉花加工厂革委会主任以及石门和酒务头供销社主任等职，多次出席省、地、县先进工作者代表会议。1983年离休，1998年7月28日去世，享年77岁。

脚下生风　兵贵神速

——记“飞毛腿”吴振祥

自从日军侵入汤王山以来，横榆民兵就不断地给日伪军以打击，每次战斗之前，准确的情报信息都发挥了重要作用。从事情报工作的同志，要求政治上可靠，军事上过硬，行动上敏捷，而青山村的吴振祥就符合这些条件。

吴振祥，生于 1927 年。1944 年，17 岁的吴振祥参加横榆民兵组织，之后直到晋南解放，4 年时间内，经他手所传递的情报从未有过闪失，准确及时。一次，吴振祥从民兵驻地东峪沟出发，去夏县泗交的韩家岭、许家沟一带为八路军师部送一份紧急情报。全程 30 多里，天又下着小雨，他拿起一个破草帽就走。一路上，翻越座座大山，蹚过条条小河，脚上磨出了血泡，疼得他难以穿鞋，就干脆赤脚奔跑。在情报送达的那一刻，心情无比激动。后来他给民兵组织送情报，一夜之间竟往返 7 趟之多，行程近百里，直到凌晨 6 时许，在给最后一个民兵队部送完情报时，已经口吐鲜血，脸色苍白，刚一出门便“扑通”一声倒在地，不省人事。众人七手八脚将他抬到房间，经医护人员全力抢救方才转危为安，从此人都唤他“飞毛腿”。接着，他又给垣曲王茅一带的解放军传送新的情报去了。

就在吴振祥结婚的那一天，雷哼哼部几百名匪徒向青山村袭来。

吴振祥连新郎官的花红绸子都未及卸下，就操起一枝长枪冲出去，由连洼圪塔向杨户沟岭奔跑，朝着敌群打枪，竟打坏一个匪腿。匪徒愤怒，大喊着向岭上扑去，青山群众和新媳妇这才转移出去。

吴振祥枪法极好，参加过多次战斗，击毙击伤敌人无数，在横榆民兵斗争史上谱写了辉煌的一页。

金天礼果敢一举 六大队突破重围

1942年5月的一天，天刚蒙蒙亮，驻扎上横榆村的康支队接到情报：日军从杨虎沟来了，已经到达青山村。情况危急，因为县长卫佐民同县政府机关干部驻在东峪沟，现在即使有“飞毛腿”吴振祥去报信，也来不及了。此时此刻，只听六大队长喊了一声：“打！”霎时间，六大队的全体战士和民兵们就冲上了小帽圪塔。我方的将士还未全部到达目的地，日军的先头部队已经到了上横榆村边大路上，正朝着东峪沟方向推进。冲在最前的金天礼（生于1920年，横榆村东峪沟人），瞄准日寇，枪声一响，撂倒一个日本人，这场战斗的序幕就拉开了。两军对垒，都要抢占高地，几番拉锯，那座无名小山为我军占领。日军三番抢夺，未能得手，反在前沿坡上撂下一片尸体。恼羞成怒的日本人又第四次攻打我山头，只听两军冲杀声和枪炮声，震天动地，满山的尘土如同迷雾遮满天空。在树上“炸号”的司号员被炮弹击中，“二号手”又爬上树去。太阳西下时分，日军分出一路，迂回到青山村，占领大帽圪塔，形成上下夹攻之势。在此关头，民兵小队长金天礼从荆棘丛中钻上去，钻到日军的机枪下，猛地抓住机枪腿，向后一甩，将机枪甩到沟里，机枪哑了。“冲啊！”我军这才冲了上去，这时，天色已黑，我军乘黑冲出日军的包围圈。此次战斗，击毙日寇不知数，缴获机枪1挺、小炮1门及其

他物资若干。日军将他们的尸体拉到沟里，泼上汽油烧了，然后装进许多小木盒，每个盒上贴个日本国旗，上面写上名字编了号。

这次战斗，六大队伤亡惨重，大队长牺牲了。战斗打响之后，卫佐民县长带领县政府的机关干部撤离到垣曲毛家镇马蹄沟尖山脚下的窦堂家里，使抗日政权化险为夷。

金天礼同志 1987 年 7 月去世，终年 67 岁。

神炮一发定胜局

——记横榆民兵连神炮手连同福

1946年6月12日下午，我人民解放军太岳四纵队攻打闻喜县城。在晋南的解放战争中，闻喜城属于易守难攻的几座县城之一，与攻打安邑、运城时一样，战斗惨烈。在游击队的配合下，当日夜攻下西关。14日晨又攻克南关。但由于阎军加强了闻喜县城防御能力，我军连续两夜均未攻克。四纵队利用敌人黑夜戒备、白天休息的特点，于14日下午发起攻击。一向胆大心细、作战勇敢的横榆民兵战士神炮手连同福（乳名小友），奉命炮火掩护。他屏气凝神，细心地测好角度，只一炮便击中东城墙上的敌碉堡。“轰”的一声，碉堡与守敌一扫而空。四纵指战员士气大振，潮水般涌入，占领了东城墙。紧接着，南城墙也被解放军打开缺口。守敌像倒了树的猢狲，纷纷由北城门逃窜，不料被自己开挖的护城壕挡住去路。于是，绝望的敌军向我军投降，有的跪下求饶。侥幸逃过护城壕的敌人，又受到解放军伏兵的阻击，大部分被歼灭。下午6时许，闻喜城宣告解放。我太岳部队与横榆民兵们联欢，把神炮手连同福高高地扔起来，纷纷夸赞这位小英雄。四纵队一位老兵感慨地说，真是神炮一发定全局哇！

连同福，生于1924年，闻喜县石门乡青山村上横榆人。当时为闻喜民兵第七连（即横榆民兵）战士，号称“神炮手”，1978年去世，享年54岁。

默默奉献写春秋

——记无名英雄李兴龙

提起李兴龙，横榆革命老区的人们，只知道他居住在石门乡青山村，膝下无儿无女，与 81 岁的老伴王桂英栖息于三间普通瓦房里，艰难度日。对于他过去的光辉历史却无人知晓。其实，李兴龙在抗日战争以及解放战争中，为党为人民做出了重大的贡献。

李兴龙，出生于 1924 年，幼年时跟随父母逃难到青山村。为维持生计，他在地主家做苦力，倍受剥削。他天性沉稳机灵，意志坚强，办起事来有一种少有的稳重干练。1942 年，18 岁的他经一位党员介绍，悄悄地加入八路军驻圪塔村情报站，担任秘密情报员，任务是给驻在闻、夏、垣一带的我军传递情报。

太平洋战争爆发后，日军为了支撑庞大的战争物资消耗，加紧掠夺敌后根据地，实行残酷的“三光”政策。同年夏天，日军对闻、夏地区实施新一轮大“扫荡”，我抗日军队奉命转移到晋豫边区。临行时，有一批武器弹药和好几十箱药品交给他保管。为了严守秘密，李兴龙接受任务后，悄悄地将枪支埋在牛圈地下。那几十箱药品秘密存放于大山深处东坡沟内的窑洞内，外面用泥巴封死，并用杂草树枝掩盖。贾匪多次搜索未果，对他用刑，追问此批药品的下落，他受尽酷刑，只字未吐。后来在村民“联保”下释放回家。

李兴龙担任情报员后，每隔一天都要从情报站出发，经过艰难险阻，跋山涉水把情报传递到驻夏县韩家岭我太岳五地委、五分区的师部以及驻许家沟、石嘴和泗交等地我党我军的机关。这期间，他时而从马家庙翻山越岭，时而由西坪沟里七上八下，绕过敌人的围追堵截，不顾自己沿途跋涉中的蹭跌摔磕，总是能够准确及时地把情报传送到各联络点上。

1943年6月的一天，他克服一路上的千难万险，好不容易到达韩家岭，却获悉我军师部早已转移。李兴龙多方探询，才得知师部转移到了许家沟。然而，许家沟的地势比韩家岭更加险峻，而且相隔120多里，一路上还要穿越好几处日伪和当地土顽势力防区，稍有不慎就会将情报落入敌手，自己的性命事小，而误了抗战事大。于是，他把自己打扮成一个放牛娃，又利用熟人关系借了几头耕牛，才顺利通过敌占区，安全地把情报送到。

同年秋季，有一天半夜三更时分，一名党员急促地敲门，说从晋豫区党委驻地阳城来了12名八路军战士，准备到条西五分区归队，但他们与部队失了联系，身上的枪支需要安置。李兴龙将这12名战士隐蔽到杜家沟，每天送饭两次。他多方联系，打听到我军师部的准确地点，然后将这12名战士送去归队，因此受到五分区首长的表扬。

这一年冬天，条西地区的日军，已处于被我包围和被动挨打的困境，然而在局部范围内，这些秋后的蚂蚱仍然垂死挣扎。一次，康支队六大队百余名战士在青山村山梁后的王家庄安营扎寨，李兴龙悄悄地为他们放哨警戒。下午四时许，他发现不远处鸟兽惊慌，似乎可见到飞扬的尘土。凭经验判断，肯定有情况，迅速攀上一棵高大的槐树，举目远望。只见有一小队日本鬼子正朝着王家庄悄悄逼近。他立即飞快地向我军报告敌情。六大队指导员立即组织部队有序地撤退。当鬼子到达时，部队早已安全转移。

1944 年，条西地区的抗战形势大为好转。然而，贾真一部却依仗精良武器装备四处残害我抗日人士，与日军相互勾结，强迫当地百姓交粮交款，俨然以政府自居。同年 3 月的一天，贾部九连连长刘清选，抓捕了 15 名挑盐小贩，硬说他们是八路军的探子，把这些无辜的群众用一条长长的绳子连着串绑起来。经过阵阵严刑拷打，一无所获，便前推后搡地拉到一处山崖边准备枪毙。这时，有村民告诉了李兴龙，他马上赶到现场，并径直走到刘清选跟前："刘连长，我理解你的心情，但你想想看，这些人确实是老实巴交的庄稼汉，他们是经常贩盐的河南人，根本就不是八路，我亲眼看着他们隔三岔五就从这里路过，太了解他们啦。"

"你说得轻松，我抓不到人，怎么交差？"刘连长不屑一顾地回答。

"你现在把他们统统杀掉，就能交差啦？你的证据在哪里？又有什么线索？干脆还不如放了他们，落个慈悲的名声，和当地老百姓处好关系，日后也好派个十石八石粮食，要点款子，我也帮你给村民说说情，这还不行吗？"

刘清选思忖了一会儿，站起来对那些盐贩子一挥手："快滚，滚！"

李兴龙向刘一抱拳："多谢刘连长，今后有事言语一声！"

那些小盐贩们一个个对他是千恩万谢。他们中除了王小根、李富德、崔石头三人，其余 12 人都是河南济源人。李兴龙让他们赶紧回去，并告诉他们一条比较安全的小道。那些盐贩们一齐跪下给李

兴龙磕头，他连忙搀扶。

新中国成立后，李兴龙在农业合作社、大队、生产队担任保管员、记工员、预分员等职务。他的职位虽然不高，但他处事公道，从不贪图小利，在群众中口碑好、声望高。难能可贵的是，新中国成立后近60年来，他从不向人提及自己光辉的革命事迹。更令人感动的是，尽管生活十分艰难，但他宁肯节衣缩食，决不向党和政府开口伸手。每当老伴忍不住埋怨时，他总是那句话："不管怎么样，现在的生活条件，总比在日本人脚下生活好多了吧！"

李兴龙已经86岁了，仍然健在。祝老人家健康长寿。

油印机的故事

——记共产党员赵文明同志的事迹

抗战时期，闻喜、夏县一些主要抗日领导人曾有一段时间驻在白家滩的木盆岭村，在这里组织领导着人民开展抗日斗争。抗日武装利用白家滩一带有利的地形优势，神出鬼没地打击敌人，巩固并扩大抗日根据地。1941 年春夏的一天，我抗日游击队趁夜幕的掩护，偷袭了闻喜城的日军。这一仗击毙 1 名日军，俘虏 4 名伪顽人员。值得一提的是，这次战斗中还缴获了 1 部油印机。

后来，在全县党员教育甚至整个条西地区党建工作中，这部油印机发挥了重要作用，被誉为“根据地人民的喉舌”，一部油印机就是一座印刷厂。中共条西地委的机关报纸《建中报》，就是这部机器油印的。

然而，日军为了加紧搜刮根据地的民财，强化所谓治安运动。横榆一带地处抗战前沿，形势险恶。随着抗日武装指挥机关的转移，驻地不停地变迁，这部油印机不便携带，党组织决定将此机器交由白家滩村木盆村的赵文明同志保管。赵文明，生于 1927 年，贫苦农民，对抗战事业忠诚，为人正直，办事既认真细致，又善于机动灵活。上级党组织和抗日武装负责人问他能否完成任务，他坚定地回答：“请领导放心，保证做到人在机器在！”

然而，豪言壮语好表达，真正做起来就难了。在形势险恶、战火纷飞的混乱年代，保存好一部油印机真不是一件容易的事儿。开始，他想把机器藏在家里的土炕里，还不能让家人发现。但因为横榆一带冬天村民们都有烧炕御寒的习惯，害怕母亲烧炕时烧坏了机器；埋藏在窑洞地下，又害怕家里泼水把机器弄得潮湿生锈；藏在自家的红薯窖内，又怕被日本鬼子搜索到；埋藏到自家地里，又害怕将来找不到，或者田鼠打洞弄坏机器部件，真是费尽了苦心。最后，赵文明终于想到一个好办法：把油印机分开保管，将机盘、塑料油棒、蜡纸、油墨各自密封好后，分别放到适合放置的容器里，再分藏在四个不同的地方。偶尔遇到需要印刷材料的时候，他总是不辞辛苦地将这些零部件一一拿回来安装好，印完之后，又分别再将它们送到所藏之处。进行一次印刷，他总要在山上山下往返好多次，才能完成任务。

后来敌我处于拉锯状态，夜里我方占领的地区，到白天又被敌军侵占。凶恶的敌人多次搜山“扫荡”，几次将赵文明抓起来严刑拷打，他始终回答三个字“不知道”！无计可施的敌人，因没有证据，便撤退了。1946 年，因革命工作需要，闻喜县民主政府特派一名忠诚可靠的同志将油印机带走了。这样，革命的油印机在赵文明手中安全度过了三个春秋。县政府的同志临别前，还特地考察了赵文明同志，称赞他是“编外八路”“无名英雄”，并介绍他加入了中国共产党。

铁骨热血献翼城

——记革命烈士许云寿同志的事迹

青年英雄为革命，铁骨热血献翼城；

烈士名讳许云寿，后人敬仰又颂扬。

许云寿系石门乡横榆村下横榆人，生于1928年。1943年入伍于太岳军区三分区56团。此人彪形大汉，一表人才，走路说话都很利索，所以入伍后就在侦察班里作侦察工作。由于他胆大心细，每次任务完成的都非常出色，为此入伍后时间不久，就提升为班长，并加入了中国共产党。

1946年10月，王墉司令员率领56团前往翼城县攻打太山庙。天刚蒙蒙亮，我军就将太山庙包围了个水泄不通。可是连攻五次，不但攻庙不破，而且伤亡惨重。许云寿时任六连副连长，担负着主攻任务，全连120余人除去伤亡的只剩37人，连长也牺牲了。

太山庙为何如此难以攻克？原来驻守的国民党军在庙内挖了地道直通庙外，设了三处暗枪眼。待我军群攻时，敌军用机枪扫射，人少时敌军用步枪射击，致使我军攻庙云梯搭不上去，跳板踏不过去。这时，王墉司令员看到六连伤亡过重，计划另换三连担任主攻。谁知只剩37人的六连，在副连长许云寿和其他两名党员的带动下，集体举起拳头向王墉司令员发誓：

“我们六连37人保证完成主攻任务！”紧接着，许云寿等三名党员首先抬着云梯冲锋在前，迅速地踏过跳板，搭起了云梯，爬上了高厚的庙墙。就在这要跳进庙院之刻，许云寿同志等三名党员中弹牺牲，后面的战士接连登上他们搭起的云梯，攻克了太山庙，消灭了驻守之敌。

1946年10月，许云寿同志牺牲时才刚刚18岁。

他从横榆老区来

——记开国大典民兵方阵成员郭政文

1949年10月1日下午3时，随着毛泽东同志“中华人民共和国中央人民政府成立了！”一声雄壮有力、气势磅礴的宣告，开国大典仪式正式开始。在被检阅的队伍中，有一支由全国老区400名民兵组成的方阵，迈着矫健步伐由天安门广场前通过，接受党和国家领导人检阅。这支民兵方阵中，就有来自我们横榆老区的一名民兵代表——郭政文同志。

郭政文生于1925年，闻喜县石门乡横榆村下横榆人。早年间家徒四壁，一贫如洗，11岁时曾沿街乞讨。后在垣曲县桐木沟当放牛娃，在闻喜县东峪沟做过9年的雇工，又到夏县石峪村杨老三家扛长工。小小年纪为生计挣扎，到头来还是食不果腹、衣不蔽体。为了一家人生活有保障，父亲将小妹妹卖给人家做童养媳，换得3亩沙坡地，这才在横榆村东峪沟定居下来。

1943年春，由于日军的残酷“扫荡”，使得当时闻喜县第三区（原驻地在后宫）、第四区（原驻地在河底）政府均转移到横榆的东峪沟。三区政治指导员程守忠与郭政文正好同住一个院子。他发现这小伙能吃苦耐劳，非常厚道，而且积极进取、向往进步，因此，便经常用抗日救国的革命道理开导他。同时用柴火棒教他学写“跟

着共产党闹革命”，又传授给他文化知识和中国历史知识，使郭政文懂得了中国近代因贫弱落后而遭受帝国主义列强侵略欺侮的悲惨境遇，从思想意识上增强了他对日本侵略者的仇恨，更使郭政文懂得了只有听从党的话，坚持抗战到底，中华民族才有希望。

1943 年秋季，郭政文在夏县石峪村加入抗日武装组织康支队。不久，很快就随部队反击日寇以抢夺粮食为核心的“扫荡”活动。鉴于他在战斗中英勇顽强，始终冲锋在前，忠诚于抗战事业，支队领导便让其担任了班长。一次，康支队在攻打闻喜宋店堡的一股贾匪势力战斗中，郭政文腿部中弹，回家养伤。待伤口痊愈后，却与支队失了联系。从此以后，他就离开了使他锻炼成长的康支队大家庭。

1945 年，郭政文回村后便加入横榆民兵连。参加村农会和武委会，领导贫雇农群众斗地主、打恶霸，掀起轰轰烈烈的土地改革运动，开展反奸清算工作。同年，横榆民兵连改称野战民兵连，郭政文担任野战民兵连指导员，率领民兵在后交、白石、刘庄冶以及垣曲的朱家庄一带，与蒋阎军队巧妙周旋，不断取得的胜利，深受党组织的称赞，被评为全闻喜县民兵学习的榜样，荣获奖章一枚，后又被评为三分区民兵先进工作者。1947 年春他光荣地出席了全分区英模事迹表彰大会。

1949 年开国大典后，他载誉归来，以旺盛的革命精神面貌，参加了巩固人民民主政权和农业社会主义改造运动。1954 年，他当选为横榆乡乡长。1956 年，又担任石门乡副乡长、党委副书记。1962 年 9 月，为了减轻城镇居民粮食供应紧张的压力，郭政文毅然响应党的号召，带头返乡参加农业生产劳动。

是金子在哪里都会闪闪发光。郭政文回乡务农后，担任横榆大队第一生产队政治工作员、大队支委、副书记、书记等职。

2003 年春，郭政文同志因病逝世，享寿 78 岁。

老八路张元贵

张元贵，又名张合群，原籍河南省济源代峪乡，生于1923年，闻喜县石门乡青山村界牌人。他生不逢时，偏遇灾荒之年，为活命，随父逃荒到后川村孙峪，给财主家放牛、当雇工，备尝艰辛。1938年日军侵入后川一带，烧杀抢掠，土匪贾真一部又不断骚扰，使张元贵对敌人滋生了强烈的仇恨。

1943年，20岁的张元贵经王玉清介绍参加了闻喜县区干队，后编为八路军55团。在部队他苦练杀敌本领，为祖国的解放事业随时准备牺牲一切。1945年，他参加解放运城战役。1947年他又参加徐向前指挥的解放临汾、太原战役。张元贵在聂荣臻、薄一波的部队中参加过几十次战斗。由于他机智勇敢，战功卓著，受到部队各种奖励十余次。1949年10月1日，他参加了国庆大典，光荣地接受了伟大领袖毛主席和其他的党、国家领导人的检阅。他在荣誉面前不骄傲，1950年又参加解放西北以及西藏、成都等重大战役，1953年再次参加抗美援朝战役。在战斗中，张元贵同志身上多处中弹受伤，被定为三等乙级伤残军人。部队首长考虑到他的身体情况，在1954年批准他复员返乡。在村里，他仍然以一个军人的标准要求自己，处处起着模范带头作用。他担任生产队长和村干部期间，一心为公，两袖清风，在横榆老区人民心目中有口皆碑。

1983年，张元贵同志病逝，终年60岁。

马金花的奉献

——老农民贾翠兰（白家滩村）口述

1940 年冬天，侵占走马岭的日军向汤王山抗日游击队阵地发射炮弹，却连续被我军民击溃。有一天，一发炮弹击中汤王庙道房，守卫阵地的一名士兵身负重伤，爬到木盆村，流血不止，不幸身亡。乡亲们将这位不知姓名的爱国军人掩埋在黄土岭。

这件事情对白家滩的一位目不识丁的农家妇女马金花教育很大，她深深地被这位爱国将士为了民族利益而流血牺牲的精神所打动。

1941 年春，日军在汤王山地区骚扰，白家滩村民扶老携幼、拖儿带女，纷纷躲避到山上尼姑庵附近的洞内。此洞是商汤王屯兵之处，地形十分复杂，怪石嶙峋，洞穴遍布，洞中有洞，明暗交错，黑黝黝、阴森森，回音四起，令人心惊胆战。为了生存，躲藏在洞中的百姓，集体观念非常强烈，行动、做饭、讲话、起居都十分谨慎。马金花只有三个月大的女儿偶感风寒，大声啼哭，深明大义的她赶紧把女儿紧紧地捂在乳房上，孩子因憋气挣扎，她也死死地按住不松动。在日军搜索的危急情势下，乡亲们安然无恙，但马金花的女儿却永远定格在目瞪口呆的吸奶状态。坚强的马金花为了不让乡亲们悲伤，宁肯咬破嘴唇，也不哭出声来。村长安慰她时，她平静地说，这没什么，换了别人也会这样做，生逢乱世的孩子在天之灵，是会理解的。

在中华民族面临亡国的危机形势下，马金花的大义灭亲之举，完全是纯朴善良的中国人民与民族敌人抗争的爱国主义精神的生动体现。这次日军“扫荡”横榆地区，实行惨无人道的“三光”政策，杀害村民 2 人，焚烧房屋 36 间，抢夺牲畜 7 头，抓猪捉鸡不计其数。这笔民族的深仇大恨要永远牢记。

遗　址

一、闻喜牺盟县政府所在地（横榆村上富峪6处下富峪1处遗址）

国共两党二次合作期间，即1939年4月至1940年2月，县委书记高一清、县长王宿人带领县委和县政府机关由下周村一带迁至横榆的上富峪村。当时以《新华日报》推销处名义活动（时为牺盟县政府，掌权人都是共产党员），其县委和县政府机关驻在当时的张清武院子里。公安局局长（周明新）住在张泽文的院子里，法院设在当时的朱水成院子里，医院设在村庙院五间廊房里，兵工厂设在当时的张宝辰院子里，兵工厂的武器库设在村边地里的一个大古墓里，监狱设在朱占胜院两间西房里。时任通讯员就是现在上富峪村的孙有财。同一时期，国民党县党部设在下富峪村的柴学法家里。

二、中共条西地委所在地（西坪村桑梨沟1处遗址）

1944年正月间，贾启允、席荆山、杨作杰等同志的家眷移驻桑梨沟。当时，席夫人身体还可以，每天帮助村民们做点家务劳动。而贾启允的母亲是小脚，加上身体状况不佳，由两名战士用担架抬来。有一天，条西地委和闻喜县委正在沟内召集周边村的农会骨干

开会，突然，贾部一股势力百余人包围了桑梨沟，形势危急。刘金发急中生智，立即把地委和县委领导及其家属隐藏到囤积粮食的土窖内，窖口用磨盘盖住，再敷些杂草作掩护。贾部匪军在山头上转来转去，盘桓了整整一天，最后一无所获地撤退了。而在此期间，刘金发夫妻二人冒着生命危险，三次为地委、县委领导同志送水送饭，全然不顾自己的安危。就这样，中共条西地委及有关县政府领导在十分危急的情况下住在桑梨沟的刘金发家中长达半年之久，这里也成了中共条西地委和县政府的临时指挥部。

三、闻喜抗日民主县政府所在地（后川村香炉沟1处遗址）

闻喜南同蒲铁路以北的区域划归稷麓抗日民主县政府以后，南同蒲铁路以南的一区、六区的一部分和二区、三区的全部区域还处于敌人的控制之中。闻喜县城附近的一区是日本侵略军的占领区；二、六区（横水、东镇一带）除日军占领外，还有王万顺土匪武装盘踞在乔寺村等地；河底村以南的三区被日军占领后，建有据点和碉堡。1944年1月，根据中共条西地委的指示，在后川村的香炉沟，成立了闻喜县抗日民主政府。第一任县长冯彦俊（1944年1月~1944年3月），第二任县长张建忠（1944年4月~1944年6月），第三任县长卫佐民（1944年7月~1945年8月）。抗战胜利后，卫佐民续任县民主政府县长至1947年3月。常在他身边的工作人员，只有一位秘书，一个马夫，两个通信员。

四、横榆秘密党支部和农会所在地（青山村上横榆2处遗址）

新中国成立前，下横榆、上横榆、青山村、西坪、白家滩等村，都隶属横榆联村村公所管辖。1943年，太岳地区党委决定大力开辟中条山革命根据地，派遣程守忠、姚光前、丁云、王昭等，经过乔装打扮，秘密来到横榆地区开展党建和群团工作。程守忠住西坪村腰庄吴宝玉家，姚光前住青山村上横榆王张娃家，丁云和王昭两位女同志住在下横榆的任二姐家。他们秘密发展党员，建立农会、妇救会、儿童团组织。发展的第一批党员有吴宝玉、仝云福、王张娃、郭子华、杨金平、杨金花、周德有、连同庆、李秀海、任二姐、李得信、张六谦、杨树平等共13人。同年秋季，在上横榆的王张娃家建立了第一个秘密党支部，王张娃当选为支部书记。从此以后，横榆地区正式建立了党组织。随后，在党组织的领导下，农会、妇救会、儿童团的抗日反奸工作就轰轰烈烈地开展起来了。至今，在上横榆仍保留着秘密党支部和农会的遗址。

五、八路军54、55团指挥部所在地（西坪村1处遗址）

1945年3月，王墉司令员率八路军54团、55团挺进中条山区，指挥部驻扎在横榆老区的西坪村叶自祥院里长达半年之久。叶自祥一家和八路军指战员们鱼水相处，亲如一家。王司令员率队不论到多远的地方打仗，晚上都要返回西坪住地。我西坪村百姓为八路军抬担架、护理伤病员、送粮磨面，为他们提供后勤保证。

六、八路军供给处所在地（西坪村岭后 1 处遗址）

1944 年，八路军供给处驻扎在西坪村岭后张永法院里，当时有几十名缝纫工，20 余台缝纫机，他们主要保证康支队和八支队的被服供给。供给处处长姓赵，西安人。

七、打响闻喜抗日第一枪所在地（白家滩村木盆岭 1 处遗址）

1938 年 3 月 21 日，柴泽民同杨志坚带领二中队，掩护席荆山任保家、沈全成等县委成员撤退到中条山后，游击队驻扎在现河底镇原酒务头乡的核桃耙一带。情报员向柴泽民报告："一股日军小分队正从垣曲方向开来。"柴泽民迅速把部队埋伏在白家滩村的木盆岭上等待日军。中午时分，20 多名日军打着膏药旗扛着长枪进入游击队的伏击圈，柴泽民和杨志坚分别带领战士从日军的首尾两侧包抄过去，形成夹攻之势，机枪、步枪一齐向日军射去。日军毫无防备，很快溃散，5 名日本鬼子被击毙。这次战斗，打响了闻喜人民抗击日寇侵略者的第一枪，游击队无一伤亡，缴获敌机枪 1 挺、步枪 5 支。首战告捷，全队欢呼。

八、南同蒲铁路以北六个民主县政府领导人临时办公地（横榆村东峪沟 1 处遗址）

1946 年 7 月，国民党胡宗南部侵犯晋南解放区，残杀共产党人。在这斗争形势十分严峻的情况下，为保存实力，当时由闻喜、猗氏、万泉、河津、稷麓、安邑等 6 个民主县政府的主要领导人奉命转移到中条山横榆一带，隐藏在唐朝时在横榆村东峪沟开矿遗留下的老洞内。他们在横榆民兵的掩护下，在这里仍然指挥策划着抗顽剿匪等项革命工作。当时，横榆民兵队部也设在东峪沟。

十唱中条山

巍巍中条山，见证着河东人民在党的领导下万众一心、同仇敌忾、与民族敌人殊死搏斗的历史。一首仿《绣金匾》曲调创作的歌曲——《十唱中条山》，在根据地各县广为传唱，从中条山唱到稷王山，从涑水河两岸唱到黄河之畔——

一唱中条山，
革命的大摇篮，
有山有水有平川，
万里好江山。

二唱中条山。
老区的好样板，
父送子，妻送男，
人人上前线。

三唱中条山，
支前是模范，
送米送面又送炭，

还管八路饭。

四唱中条山，
妇女真勇敢，
站岗放哨做军鞋，
还有担架班。

五唱中条山，
革命的好地盘，
山沟坡岭摆战场，
杀敌又除奸。

六唱中条山，
炮声响连天，
机枪大炮手榴弹，
还有地雷战。

七唱中条山，
抗日红旗卷，
村村寨寨都参战，
打他个人仰马也翻。

八唱中条山，
烽火遍地燃，
游击队员是好汉，
日寇心惊胆也颤。

九唱中条山，

民兵真勇敢，
你磨刀，我擦枪，
不让鬼子进家园。

十唱中条山，
中条连延安，
全国人民团结紧，
誓把日寇消灭完！

横榆英雄民兵连赞

范玉良　李爱民

公元一九三八年，日军侵占闻喜县。
烧杀抢掠三光策，劳苦大众火坑陷。
中共条西地委会，领导人民抗日坚，
建立中条根据地，对日实行持久战。
汤王山似井冈山，横榆好比小延安，
森林茂密满山岗，进退攻守好营盘。
武装斗争烽火旺，发展横榆民兵连，
民兵连长段信智，郭政文任指导员；
白天黑夜游击战，智勇双全斗敌顽，
破袭碉堡几十个，歼灭日伪两千员；
打土豪，锄汉奸，消灭土匪好几千，
解放运城和临汾，远征霍州把敌歼。
连续战斗十余年，保卫人民新政权。
开国大典四九年，民兵代表主席见。
太岳军区授称号，条山卫士美名传，
誉为中条英雄连，激励后人作典范。

注：1947 年春，太岳军区授予横榆民兵连集体“中条山保卫者”锦旗一面，故诗中简称“条山卫士”。

九壮士血溅山岩

1942年夏，闻喜抗日政府决定，由县农会主席高之久率领8名工作人员，深入到汤王山区横榆一带开展工作。在环境十分恶劣的情况下，他们不顾生命安危，大胆地发动和依靠贫雇农群众，团结所有进步力量，建立地方民兵武装，成立农会、妇救会组织，动员群众参军参战，执行“双减”政策，极大地减轻了当地百姓的负担，深得群众的拥护。同时，他们针对日军和顽匪的“扫荡”行为，大力实施坚壁清野，让日伪军每每扑空。恼羞成怒的敌人决定不惜血本，在整个汤王山地区来一次彻底的大“扫荡”。

针对敌人强化“扫荡”的行动，县委决定紧急在汤王山千尺崖穿云洞内召开一次重要会议，研究安排应对敌人大规模严查物资的方案。不料，在我方9位同志赶赴穿云洞接头的过程中，被汉奸郭玉其发现，这家伙如获至宝，马上告诉了日军“扫荡”指挥部。敌人当即在洞口周围埋伏重兵。高之久等9名同志悉数落入敌人陷阱。

敌人按照惯例对他们严刑拷打，见没有收获，转而由硬变软进行金钱诱惑，说什么共产党人也是人呀，你们的革命行动到头来还不是为了利益吗？给你们每人一万块大洋。接着又是封官许愿，什么呈报上级，为你们请功晋级，保你们个个荣华富贵等等。在各种手段使尽用绝之后，敌人却换来9位英雄严正的警告："你们是秋后的蚂蚱，蹦跶不了几天！"敌人看到的却是9位英雄更加抖擞的精神，更加坚定的革命意志，对敌人更加痛恶的阶级仇恨。穷凶极恶的敌人无计可施，便把9位壮士五花大绑押解到司令部。途中，9名壮士边走边骂，愤怒控诉蒋阎军队的暴行。气急败坏的贾匪在白家滩村杨户沟南阴石庵，用刺刀一个个将英雄捅死。临终前，英雄们齐声高呼："打倒日本帝国主义！打倒蒋介石！消灭贾真一！中国共产党万岁！"洒洒寒雪聚成朵朵白花，团团乌云织成黛色天幕，汤王山垂下它高昂的头，亳清河缓缓呜咽流淌。

今天，让我们的英雄九泉之下含笑欣慰吧，他们当年的夙愿早已化作灿烂的现实，在全面建设小康社会和社会主义新农村的伟大工程中，我们要继承和发扬烈士不畏艰难、不怕牺牲的革命精神，始终保持勇于改革的锐气和昂扬向上的朝气，把烈士的家乡建设得更加美好！

兵贵神速　夜袭夏沟

——康杰支七大队夏沟歼敌小记

1945年8月18日，汤王山下白家滩村木盆进驻了一支威武雄壮的队伍。这支队伍军纪严明，秋毫无犯，爱憎分明，专访贫雇农家。广大指战员们与乡亲和睦相处，拉呱家常，促膝谈心，讲解革命道理。原来，康杰支队七大队是为着消灭驻扎在与青山村界牌相接的夏县夏沟的贾匪三团而来的。

为了给战士们补充点给养，七大队首长与村民平等协商，看看每家每户能否贡献出几百斤玉米棒子，将鲜嫩的玉米穗煮熟之后，供部队战士充饥作干粮。一听说是给打贾部匪帮的部队做干粮，大伙非常积极，不到半个时辰，全村各家的任务都完成了。随后，部队为每一户开了收据，让大家到县政府财粮科去结算领款。这一来，村民们更加兴高采烈。近代旧中国，军阀混战，祸国殃民，搞得民不聊生，生灵涂炭，从来没有像这样一支替人民着想的好军队。大家纷纷聚集在一起，异口同声地夸赞这支人民的子弟兵。

当日晚8时左右，七大队众将士饱餐之后，迅速集结待命。只见战士们个个枪在手、弹上膛，整齐有序。作为向导的赵文明父亲赵吉秀站立一旁，神情严肃。只听见指挥员一声“出发”命令，部队立即开始流星赶月般地急行军。

他们由木盆村出发，避开大道，只择羊肠小道，直奔夏沟方向。半个多小时后，他们途经骆驼腰，进入青山村界牌地界。又走了几分钟之后，在一棵大柏树下，向导赵吉秀拍了三下巴掌，从夜幕中闪出一个人，他叫狄福臣（赵吉秀妹夫），立即向七大队指挥员摆了一下手，部队跟着他继续前进。只见他忽而小心翼翼地拐向一片高粱地，忽而又沿着沟边的荆棘丛快步如飞。约莫十几分钟后，只见一座小山头上几束光亮来回照射——这就是贾匪的巢穴！狄福臣观察了一会，便一摆手引领着部队折回，向另一条近道悄悄行走。五六分钟后，隔着一片杂草丛生的坡地，贾匪驻地全景呈现在眼前。

贾匪驻地四周除了各种昆虫的鸣啼外，死一般地寂静了，连哨兵也回去了。七大队两名指战员悄悄耳语一番，立即命令部队分作两股，以迅雷不及掩耳之势，向敌穴猛扑过去。七大队一部分战士先冲到敌营房门口，“咚”的一声踹开门，“缴枪不杀！”“举起手来！”另一部分战士从敌房背后包抄过来，放了几枪。还在做梦的贾部匪军，立刻乱作一团，吓得不知所措。另一处贾匪慌忙应战，黑暗中，手榴弹、冲锋枪、刺刀碰撞声响成一片。经过半个小时的短兵相接，我军以零伤亡，歼灭了贾匪三团。

国军将领战日寇

位于闻、垣交界地区、属于800里中条山脉奇峰之一的汤王山，因传说商汤王在此屯兵伐桀而得名。这里风景秀丽，满目松涛，蓝天白云映衬得它分外妖娆，令无数英雄竞折腰；崇山峻岭，奇石怪峰，集天下险峰之景于一体，令人惊奇且又大长见识。同时，关隘重重，层峦叠嶂，地势险要，天造一处易守难攻的军事战略要地，为历代兵家所必争。而横榆革命老区恰好处于这座名山的脚下，千秋万代蒙其荫庇。

1941年5月，中条战役之后，这座名山随同中条母体山系一道沦于敌手。从此，汤王山便开始见证横榆人民是怎样遭受日军残酷的“三光”政策的，同时，也拉开了我军和横榆人民团结一致、共同抗敌，创造可歌可泣民族斗争史诗的序幕。

早在中条失守前，巡视中条的第十八集团军总司令朱德同志就曾告诫驻守的国民党军队要加强防范，切不可麻痹轻敌，并就如何防范提出具体的方案。但这些忠告，并未引起国军的重视。中条战役中，国民党第三军第12师镇守汤王山要地，开始也曾是壁垒森严，似乎万夫莫开，使得日军久攻不下。然而，驻守在汤王山下裴社乡十八坪村的国民党第七师前哨部队防守不严，日军趁机偷越防线，突袭汤王山阵地。待到敌军已兵临峰下之时，第三军军长唐淮源大惊失色。师长寸性奇遂亲临阵地前沿，身先士卒，调兵遣将，集中火力，居高临下；将士跃出战壕，以一对十，勇猛还击。全师上下，莫不与敌浴血奋战。寸师长发令誓与汤王山共存亡，他带头杀向敌群，众将士士气大振。不料，在此胜败关头，上峰急电，为保存实力计，令全师火速撤离。英勇奋战的全师将士无不抱恨终天，捶胸顿足，无奈军人以服从命令为天职。就这样，大好河山，拱手让出。唐淮源撤至夏县尖山关帝庙，被日军重重包围。唐军长匍匐在地，双手抱住关帝双脚，深感军人失土之耻，大哭一场，以头撞地，牙齿皆落，为免被俘受辱，举枪自杀。师长寸性奇率惨部突围至夏县毛沟，腿断不能撤走，遂拔刀自尽。从此，国军军长唐淮源、师长寸性奇的英勇事迹，便在横榆老区广为流传，促使横榆民兵也不断创造富有传奇色彩的战斗故事。

史料摘选

商汤灭夏

汤，姓子，原名履，又称武汤、成汤、商汤、天乙、天乙汤，甲骨卜辞中称作唐、成、大乙、天乙，金文和周原甲骨文中称作成唐。汤是契的十四代孙。生卒年不详，商部落首领，灭夏而建商。在位 13 年，病死。葬处据传有六处，说法最多的是在亳（今河南省商丘市北面）。

汤，据说是帝喾后代契的子孙，为商部落首领。商族兴起在黄河下游，当于现在的河南、山东一带。商部落的历史可以追溯到母系氏族公社时期。这个部落的始祖叫契。传说契的母亲简狄洗澡，忽然发现燕子下了个蛋，吃了以后便怀孕生契。所以古代有“天命玄鸟，降而生商”的传说。

夏朝末年，商族逐渐强大，眼见夏桀暴虐，失去民心，汤决心灭夏。桀担心汤势力壮大而威胁自己，便将汤召入夏都，囚禁在夏台。商族又送桀以重金，并贿赂桀的亲信，使汤获释归商。

汤的妻子有个陪嫁奴隶，名叫伊尹，汤差使他在厨房干活。伊尹很有才能，为了让汤发现自己，有时把菜做得很可口，有时却或咸或淡。有一次，汤就此事责问他，他就乘机向汤谈论了自己对治国理政的见解。汤大为惊奇，知道他是一个贤才，就免除他奴隶的身份，任为右相。自此，在伊尹的谋划下，汤积极准备灭夏。

汤以仁厚收揽人心，争取人民的支持，有一次，他外出游玩，看见一人在树上挂起一张网，然后喃喃自语说："不论天上来的，还是地面来的，凡是从四面八方来的鸟，都飞进网里来。"汤对他说："你太过分了吧，怎么可以这样网尽杀绝呢！你撤掉三面，留下一面的网就可以了。"农民依言照办。汤祝告道："鸟儿啊，你们愿意往左的就往左，往右的就往右，只有不听我话的鸟儿，才飞进网里来。"汤网开三面、恩及禽兽的事传开后，人民都称赞他对待百姓宽厚仁慈，纷纷拥护，汤的势力进一步壮大。

汤历数夏桀的暴虐无道，号召夏的附属小国背弃桀、归附商。对不听他劝告者，就先后出兵攻灭。如葛（今河南省睢县北）、韦（今河南省滑县东南）、顾（今山东省鄄城东北）等夏朝属国，以剪除桀的羽翼。商汤越战越强，十一征而无敌于天下。夏桀陷于孤立的境地。汤还迁都于亳，以此为前进的据点，准备最后攻灭夏朝。

汤还采纳伊尹的建议，停止朝贡夏朝以试夏桀的实力。桀命令九夷族发兵征讨商，这说明桀还能调动九夷族的兵力，汤和伊尹就马上请罪，恢复向夏桀的进贡。

一年后，九夷族忍受不了桀的残暴统治，纷纷叛离，使桀的力量大为减弱。汤和伊尹见时机成熟，就由汤召集部众，出兵伐夏，在鸣条一举攻灭了夏桀，建立了中国历史上第二个奴隶制王朝——商朝，定都亳。

汤建立商朝后，减轻征赋，鼓励生产，安抚民心，使商的势力扩展至黄河上游，成为又一个强大的奴隶制王朝。

汤为部落首领 17 年，建商后称王 13 年，善终。

商成汤

商的开国君主乃契之后，名履。初居亳，为夏方伯，专主征伐；夏桀无道，汤兴兵伐之，放桀于南巢，遂有天下，国号商，在位三十年（公元前 1783 ～前 1754）崩。

商汤开以武力夺得天下的先例，使中华帝国以后的历史变得多彩多姿，打破了天子是不可变的定律，是中国政治史上的第一次改革。

商汤与伊尹

黄河下游有个部落叫商。传说商的祖先契在尧舜时期，跟禹一起治过洪水，是个有功的人。后来，商部落因为畜牧业发展得快，到了夏朝末年，汤做了首领的时候，已经成为一个强大的部落了。

夏王朝统治了大约四百多年，到了公元前十六世纪，夏朝最后的一个王夏桀在位。夏桀是个出名的暴君，他和奴隶主贵族残酷压迫人民，对奴隶镇压更重。夏桀还大兴土木，建造宫殿，过着荒淫奢侈的生活。

大臣关龙逄劝说夏桀，认为这样下去会丧失人心。夏桀勃然大怒，把关龙逄杀了。百姓恨透了夏桀，诅咒说："这个太阳什么时候才会灭亡，我们宁愿跟你同归于尽。"

商汤看到夏桀十分腐败，决心消灭夏朝。他表面上对桀服从，暗地里不断扩大自己的势力。

那时候，部落的贵族都是迷信鬼神的，把祭祀天地祖宗看作最要紧的事。商部落附近有一个部落叫葛，那儿的首领葛伯不按时祭祀。汤派人去责问葛伯。葛伯回答说："我们这儿穷，没有牲口作祭品。"

汤送了一批牛羊给葛伯作祭品。葛伯把牛羊杀掉吃了，又不祭祀。汤又派人去责问，葛伯说："我没有粮食，拿什么来祭呢？"

汤又派人帮助葛伯耕田，还派一些老弱的人给耕作的人送酒送饭。不料在半路上，葛伯把那些酒饭都抢走，还杀了一个送饭的人。

葛伯这样做，激起了大家的公愤。汤抓住这件事，就出兵把葛先消灭了。接着，又连续攻取了附近几个部落。商汤的势力渐渐发展了，但是并没引起昏庸的夏桀注意。商汤妻子带来的陪嫁奴隶中，有一个名唤伊尹。伊尹开始到商汤家的时候，做个厨司，服侍商汤。后来，商汤渐渐发现伊尹跟一般奴隶不一样，商汤和他交谈以后，才知道他是有心装扮作陪嫁奴隶来找汤的。伊尹向汤谈了许多治国的道理，汤马上把伊尹提拔做他的助手。

商汤和伊尹商量讨伐夏桀的事。伊尹说："现在夏桀还有力量，我们先不去朝贡，试探一下，看他怎么样。"

商汤按照伊尹的计策，停止了对夏桀的进贡。夏桀果然大怒，命令九夷发兵攻打商汤。伊尹一看夷族还服从夏桀的指挥，赶快向夏桀请罪，恢复了进贡。

过了一年，九夷中一些部落忍受不了夏朝的压榨勒索，逐渐叛离夏朝，汤和伊尹才决定大举进攻。

自从夏启以来，同姓相传已经四百多年，要把夏王朝推翻，也不是一件简单的事。汤和伊尹商量了一番，决定召集商军将士，由汤亲自向大家誓师。

汤说："我不是敢进行叛乱，实在是夏桀作恶多端，上天的意旨要我消灭他，我不敢不听从天命啊！"他接着又宣布了赏罚的纪律。

商汤借上天的意旨来动员将士，再加上将士恨不得夏桀早早灭亡，因此，作战非常勇敢。夏、商两军在鸣条（今山西运城安邑镇北）打了一仗，夏桀的军队被打败了。

最后，夏桀逃到南巢（今安徽巢县西南），汤追到那里，把桀流放在南巢，一直到他死去。

这样，夏朝就被新建立的商朝代替了。历史上把商汤伐夏称为“商汤革命”，因为古代统治阶级把改朝换代说成是天命的变革，所以称为“革命”。

相关记载

夏朝自孔甲继位为夏王以后，“好方鬼神，事淫乱”（《史记・夏本纪》），不理朝政，迷信鬼神，专事打猎玩乐，使得人民怨恨，诸侯反叛。由于国力衰弱，也无法控制各诸侯国势力的发展。在夏朝的诸侯国中，商自上甲灭易以后，势力逐渐发展壮大。农业和畜牧业的发展，社会财富的增加，促使商族由氏族制过渡到奴隶制。为了向外发展势力，掠夺更多的奴隶和财物，在上甲微到主癸的六个商侯时，曾两次迁徙，一次是迁到殷（今河南安阳小屯），一次是由殷又迁回商丘。到了主癸时，商已是一个具有国王权力的大国诸侯了。主癸死后，由他的儿子汤继位为商侯。

汤又名履，古书中说：“汤有七名。”见于记载的有：汤、成汤、武汤、商汤、天乙、天乙汤。甲骨文中称作唐、成、大乙、天乙。金文和周原甲骨文中称作成唐。天乙、大乙、高祖乙是商族的后人祭祀汤时所称的庙号。在古书中还被尊称作武王。

商汤继主癸做诸侯时，正是夏桀暴虐无道、残害人民、侵夺诸侯、天怒人怨的时候。汤就选择了这个有利时机，开始做灭夏的准备。

商族从始祖契开始，到汤的时候已经将居住地方迁了八次。汤为了准备灭夏，首先将居住地方从商丘迁到商族祖先帝喾曾居住过的亳。就在这里积蓄粮草、招集人马、训练军队。本来商曾被夏王

朝授予“得专征伐”的大权（《史记·殷本纪》《集解》），他要征伐谁可以不经夏王的批准而有权出兵。但是汤准备征伐的并不是一般的侯，而是统治全国的夏王朝。他为了削弱夏王朝的势力，排除灭夏的障碍，争取更多的诸侯反夏，首先就从商的邻国葛开始。

葛（河底镇葛寨村）是亳西面的一个诸侯国，在夏王朝所属的诸侯国中并不算大。葛伯是一个忠实于夏桀的奴隶主，是夏桀在东方地区诸侯国中的一个耳目。汤恐葛伯妨碍他灭夏，将他的活动报告夏桀，就想争取葛伯不再为夏桀效力，助商灭夏。但是葛伯是一个好吃懒做的人，就连祭祀天地神鬼的大事都不愿做了。汤得知葛伯已有很长时间没有举行过祭祀，就派了使者前去询问原因。葛伯很狡猾，深知商的畜牧发达，有大量的牛羊，就说：“我们不是不懂得祭祀的重要，只是每次祭祀都要用许多牛羊，我们现在没有牛羊，拿什么祭祀呢？”商使回报给汤。

商几乎每天都有各种不同形式的祭祀，而每次祭祀都要用牛羊来作牺牲。古代的牺牲是指用家畜来作祭祀的贡品。用纯色的家畜，如牛、羊、犬、猪等叫作牺，用整体家畜叫作牲。纯色整体的家畜作祭祀时的贡品叫作牺牲。从目前的资料中还得知商代祭祀除用家畜之外，还用人来作牺牲，就是后来称作的“人牲”。

汤听使者回报说葛伯之所以不举行祭祀是没有牺牲，就派人挑选了一群肥大的牛羊给葛伯送去。葛伯见商汤相信他的谎言，居然得到了不少牛羊，就将牛羊全部杀来吃了，仍然不祭祀。汤得知葛伯又没有祭祀，再次派使者至葛询问为什么不祭祀。葛伯又说：“我们的田中种不出粮食来，没有酒饭来作贡品。”汤得知葛伯是不关心人民生产、只知享乐的人，就派亳地的人前往葛地去帮助种庄稼。

葛国人民在葛伯这个昏君的统治下，生活非常痛苦，衣食都不能自足，当然更不能为亳人提供饭食。汤派商边境的人往葛地送去酒饭，给帮助耕种的亳人吃。送酒饭的人都是些老弱和孩子。葛伯就在葛地等候送酒饭的人来，吃了酒饭还杀了送饭的人。汤见葛伯是死心塌地地与商为敌，不能再用帮助的办法来争取，就率兵到葛去把葛伯杀了。因为葛伯不仁，葛国人民早就怨恨，见汤杀了葛伯，就表示愿意归顺商。汤将葛的土地、人民全部占有，组织葛的人民从事农耕，发展生产。

汤灭葛的行动，在诸侯中不但没有人反对，还指责葛伯的不仁，认为他被杀是应该。有的诸侯、方国的人民怨恨夏桀的暴虐，还盼望商汤前去征伐，愿意从夏王朝统治下解脱出来归顺商汤。还有一些诸侯、方国就自愿归顺汤。汤对归顺的诸侯、方国都分别授以玉珠作冕冠的玉串和玉圭，显然是居于一个诸侯盟主的地位，行使国王的权力。这样，商汤从伐葛开始，逐步翦除夏的羽翼，削弱夏桀的势力，所以有“十一征而天下无敌”之说（《孟子·滕文公下》）。

商汤灭夏

（一）二相相助

在商汤灭夏桀和建立商王朝的过程中，他的左相仲虺和右相伊尹起了重要的作用。这是两个身世和经历完全不相同的人。

仲虺是个奴隶主，从他先祖起就世代在夏王朝做官。伊尹是个奴隶，从他少年时代起就过着流浪生活，长大后当了厨子。他们都很有才干，看见夏桀的暴虐，残害人民，不关心生产，只知淫乐，引起人民的咒骂和诸侯的叛离，深知夏王朝的灭亡已为时不远。他们想解救人民的痛苦，只有扶持一个有力的诸侯，推翻夏桀的统治才能办得到。他们看见商的势力在东方诸侯国中是最强大的一个，认为商汤是一个理想的诸侯，于是先后通过不同的途径来到了商汤身边。

汤也是个识才之君，果然任用了二人为左右相，委以灭夏的重任。仲虺和伊尹也就全力协助汤灭了夏桀，又协助汤建立起了商王朝。

相传仲虺的祖先叫奚仲，是夏禹时候的“车正”，就是管理制造车子的长官。奚仲原来是族居在薛（今山东滕县南）地的一个氏族酋长，善于制造车子。当了夏禹的“车正”以后，就迁居邳（今江苏邳州市西南）。自奚仲以后，子孙都在夏王朝做官，为夏监制车子。到了仲虺时又迁回薛去居住，是夏王朝东方地区的一个诸侯。他看见夏桀暴虐，人民怨恨，诸侯叛离，就从薛带了族人来到了商。汤也早就听说仲虺是个有才干的人，正想前去相请，可是又顾虑，仲虺的祖辈们都是夏王朝的臣子，恐仲虺不愿归商助他灭夏。哪料到夏桀自诛灭了有缗氏以后，引起了各地诸侯的恐惧，不仅与夏异性诸侯，就是与夏后氏同姓的诸侯也先后叛离夏桀，仲虺就是在这种形势下来到了商。汤见到了仲虺以后非常高兴，向仲旭请教了治国之道。仲虺根据当时天下的形势，分析了夏桀如此下去，必然会自取灭亡，人心所向是商。他鼓动商汤蓄积力量，先伐与商为敌的诸侯，破除夏桀的势力，然后灭夏建商。汤见仲虺是有用的人才，就任命他为左相，参与国政。

伊尹，在甲骨文中又称伊，金文中称为“伊小臣”。小臣是指伊尹的身份和地位，不是名字。伊尹原名伊挚，尹是官名。有的古书中还说伊尹名阿衡（又称保衡），是不对的。阿衡是官名，商代称当权的大官为阿衡。伊尹作了商汤的右相，执掌商的大权，故称为阿衡。伊尹辅佐商汤灭夏，建立起了商朝。后来又扶立外丙和仲壬，教诲太甲改过。他不仅是一代的开国元勋，还是三代功臣，所以得到了后代商王隆重的祭祀。在甲骨文中，伊尹列为“旧老臣”的第一位，卜辞中有“侑伊尹五示”的记载，就是侑祭以伊尹为首的五位老臣。还有“十立伊又九”的记载，就是祭祀伊尹和其他九个老臣。卜辞中除了合祭旧老臣是以伊尹为首外，伊尹还单独享祀，或与先王大乙（汤）同祭。

相传伊尹是出生在伊水边（有说在今河南伊川），长大后流落到有莘氏（一说在河南开封县陈留镇，一说在今山东曹县北）。有莘氏姓姒，是夏禹后裔建立的一个诸侯国。伊尹到了有莘氏以后，在郊外耕种田地以自食。他是一个有抱负的人，虽然身处田亩中，还是时时关心着形势的变化。他想找到一个有作为的诸侯，消灭夏桀。他听说有莘国君是一个比较好的诸侯，对平民和奴隶不像夏桀那样暴虐，就想去劝说。但他觉得不能贸然去接近有莘国君，于是就说他会烹饪，愿为有莘国君效力。按照当时的制度，只有做了有莘氏的奴隶，才能为有莘国君所用。伊尹自愿沦为奴隶，来到了有莘国君身边当了一名厨子。不久有莘国君发现他很有才干，就升他为管理膳食的小头目。他本想劝说有莘国君起来灭夏，但是一来有莘是个小国，二来有莘氏是和夏桀同姓，都是夏禹之后，因而又不便劝说。

伊尹在有莘国做管理膳食的小头目过程中，商与有莘氏经常往来。伊尹见汤是一个有德行、有作为的人，就想去投奔商。可是做了奴隶以后，自己就没有行动的自由，即使是偷跑出去也会被抓回来，轻则处罚，重则处死。正在这时，商汤要娶有莘氏的姑娘为妻。伊尹看见机会来到，就向有莘国君请求，愿做陪嫁跟随至商。有莘国君就派伊尹为“媵臣”跟随有莘女嫁到商。所以古书中称伊尹为“有莘氏媵臣”（《史记·殷本纪》）。在夏商时期的臣，有各种不同的身份。古书中称伊尹为“小臣”（《楚辞·天问》《墨子·尚贤篇》《吕氏春秋·尊师篇》），金文中称伊尹为“伊小臣”。甲骨文中“小臣”的身份是奴隶，但又区别于一般的奴隶，是管理奴隶的小头目。“媵臣”就是陪嫁奴隶，这与商代以后的诸侯嫁女，派大夫陪送所称的“媵臣”不同。

伊尹跟随有莘氏女来到商汤身边以后，仍然给汤做厨子，他利用每天侍俸汤进食的机会，分析天下的形势，数说夏桀的暴政，劝汤蓄积力量灭夏桀。汤发现伊尹的想法正合自己的主张，是一个有才干的人，就破格免去伊尹的奴隶身份，任命为右相。左相仲虺见伊尹是一个贤才，两人的政治主张也相同，也就一心和伊尹合作共同辅佐汤蓄积力量，准备灭夏。

商汤有了仲虺和伊尹的辅佐后，首先治理好内部，鼓励商的人民安心农耕，饲养牲畜；同时团结与商友善的诸侯、方国。在仲虺和伊尹的鼓动下，一些诸侯陆续叛夏而归顺商。汤经常率领仲虺和伊尹出外巡视四周的农耕、畜牧。有一次汤走到郊外山林中，看见在一个树木茂盛的林子里，一个农夫正在张挂捕捉飞鸟的网，是东南西北四面都张挂。待网挂好后，这个农夫对天拜了几拜，然后跪在地上祷告说："求上天保佑，网已挂好，愿天上飞下来的，地下跑出来的，从四方来的鸟兽都进入我的网中来。"汤听见了以后，非常感慨地说："只有夏桀才能如此网尽矣！要是如此的张网，就会完全都捉尽啊！这样做实在太残忍了。"就叫从人把张挂的网撤掉三面，只留下一面。商汤也跪下去对网祷告说："天上飞的，地下走的，想往左跑的，就往左飞，想往右跑的，就往右飞，不听话的，就向网里钻吧！"说完起来对那个农夫和从人们说，对待禽兽也要有仁德之心，不能捕尽捉绝，不听天命的还是少数，我们要捕捉的就是那些不听天命的。仲虺和伊尹听了以后，都称颂说：真是一个有德之君。那个农夫也深受感动，就照汤的做法，收去三面的网，只留下一面。这就是流传到后世的"网开三面"的成语故事。

商汤"网开三面"的故事在诸侯中很快就传扬开了。诸侯闻之，曰"汤德至矣，及禽兽"（《史记·殷本纪》）。诸侯们听说以后，都齐声称颂说："汤是极其仁德的人，对禽兽都是仁慈的。"大家都认为

汤是有德之君，可以信赖，归商的诸侯很快地就增加到四十个。商汤的势力也愈来愈大。

（二）征伐韦、顾、昆吾

夏桀灭有缗之后，统治阶级内部的矛盾更加激化。为了观察夏王朝的情况，伊尹向汤出谋，由他亲自去夏王都住一段时间，观夏的动静。汤就准备了方物（土特产）、贡品，派伊尹为使臣去夏王都朝贡。

伊尹带着随从，驾着马车，驮着方物、贡品来到夏王都。但是夏桀不在王都理朝，而是在河南的离宫——倾宫寻欢作乐。伊尹只得又往倾宫来朝见夏桀。夏桀见了伊尹后，只问了问商侯为什么要灭掉葛国。伊尹回答说："葛伯不举行祭祀，商侯送给他牛羊他也不祭祀，又派亳人帮助他耕种，他不但不感激，反而杀害送饭的人。商侯见他是大王的诸侯，如此不仁，有损大王之威，才将他诛杀。"夏桀只得点了点头，不再说什么。伊尹又奏道："商侯派臣下前来贡职，不知大王有何差遣。"夏桀不在意地说："你先回王都住下吧！有事时再传你。"就这样伊尹在夏王都一住三年，而夏桀整天只知饮酒作乐，把朝政弃之不理。

伊尹将夏桀及王朝的情况观察清楚之后，就回到了商。他向汤献计说："夏自禹建国以来，已经历四百多年，夏王是天下尊崇的共主——天子。虽桀暴虐无道，民有怨恨，但在诸侯中仍有威信，故不能很快伐桀，只有等待时机再行动。"于是伊尹和仲虺商议后，向汤献了一策，就是不能急于出兵伐桀，还要蓄积更大的力量，继续削弱拥护夏王朝的势力，等待时机。汤接受了伊尹的主张，做了积极的准备。

在夏王朝的诸侯、方国中，自夏桀灭有缗氏以后，虽然叛离者不少，但拥护夏王朝的也还不少，忠实于夏桀的也不是没有。在东部地区就有三个属国是忠于夏桀的：一个是彭姓的韦（今河南滑县东），一个是己姓的顾（今山东鄄城东北），一个也是己姓的昆吾（今河南濮阳境内，一说在河南新郑境内）。这三个夏属国的势力都不小，他们所处的地区又与商较近。汤灭葛以后，又征服了一些不归顺商的诸侯、方国，所谓"十一征而天下无敌"。但这三个方国执意与商为敌，他们监视着商汤的活动，还经常向夏桀报告。

汤和伊尹、仲虺决心除掉这三个夏桀的羽翼。就在准备进征韦时，夏桀得知汤还在继续征伐诸侯，扩大商的势力，于是派使臣至商召汤入朝。在一个统一的王朝中，天子召见诸侯是经常的事，汤也没有拒绝就带领随从来到夏王都。夏桀得知汤已来到，就下令将汤囚禁在夏台（也就是钧台，在今河南禹县，这里是夏王朝设立的监狱。古书中说："三王始有狱，夏曰夏台，殷曰牖里，周曰囹圄。"（见《白虎通义》卷九）。

伊尹和仲虺得知夏桀将汤囚禁起来以后，就搜集了许多珍宝、玩器和美女献给夏桀，请求释放汤。夏桀是一个贪财好色之徒，看见商送来的许多珍宝、玩器和美女，非常高兴，也就下令将汤释放回商。夏桀囚汤之事在诸侯、方国中引起了更大地恐慌，"诸侯由是叛桀附汤，同日贡职者五百国"（《太平御览》卷八十三引《帝王世纪》）。这个记载虽有些夸张，说同一天就有五百个诸侯到汤那里去任职，但是在当时"小邦林立"的情况下，也是有可能的。它们原来都臣服于夏，是夏王朝的属国，现在因惧夏桀的暴虐，纷纷投奔商，愿助汤灭夏，或干脆就到商都供职。所以夏桀囚汤不但没有达到惩罚的目的，反倒加速了其统治基础的瓦解，更加削弱了自己的势力。

汤回商以后，见叛夏归商的人愈来愈多，就和伊尹、仲虺商议征伐韦和顾国的事。经过一番谋划和准备之后，汤和伊尹就率领了助商各方的联合军队，先对韦进攻。汤率大兵压境，韦连求援都来不及，很快就被商军灭亡。韦被灭，顾国势单，汤接着又挥师东进，乘胜也将顾国灭了。韦、顾二国的土地、财产、入民尽归商所有。

地处韦、顾二国北邻的昆吾国，相传是祝融的后代封在昆吾所建的一个方国。它在夏王朝的属国中算是一个较大的方国，国君被称为“夏伯”，可见昆吾虽不是与夏后氏同姓，但关系是很密切的。夏伯见韦、顾二国被汤所灭，立即整顿昆吾之军准备与商相战。同时派使昼夜兼程赴夏王都，向夏桀报告商汤灭韦、顾二国的情况。夏桀非常恼怒，于是下令起“九夷之师”，准备征商。汤本想率军去灭昆吾，然后征东夷，进而灭夏桀，但伊尹阻止了汤，并说：“东夷之民还服从桀的调遣，听夏的号令，此时去征伐不会取得胜利，灭夏时机尚未成熟，不如遣使向桀入贡请罪，臣服供职，以待机而动。”汤采纳了伊尹之谋，暂时收兵。他着人备办了入贡方物，写了请罪称臣的奏章，质使臣带到夏王都，在倾宫中朝见了夏桀。夏桀见了贡物和请罪奏章以后，和身边的谀臣们商议，谀臣们就向桀祝贺说：“大王威震天下，谁也不敢反叛，连商侯也知罪认罪，可以不出兵征伐，安享太平。”这样夏桀就下令罢兵，仍然整天饮酒作乐。

（三）鸣条之战伐桀灭夏

夏桀下令罢兵不征伐商，可是一年之后，昆吾的夏伯自恃其能，率军向商进攻。伊尹见昆吾死心塌地效忠于夏桀，一心与商为敌，就请汤率军迎战昆吾。一战而大败昆吾军，再战而杀夏伯灭昆吾，并昆吾土地、人民入商。伊尹又出谋说："今年本应向桀入贡，且先不入贡以观桀的动静。"汤用其谋不再向夏桀入贡。

当夏桀得知商汤又灭了昆吾，而不再入贡，又下令"起九夷之师"。九夷之师不起，伊尹曰："可矣。"汤乃兴师（《说苑·权谋篇》）。夏桀下令调东夷的军队征伐商汤，但因桀反复无常，昆吾又是助桀为虐，与商为敌，下场不好，东夷的首领们也看出夏桀不会长久，就不听调遣。伊尹看见九夷之师不起，灭夏的时机成熟了，就请汤率军征桀。

汤和仲虺、伊尹率领由七十辆战车和五千步卒组成的军队西进伐夏桀。夏桀调集了夏王朝的军队，开出王都。夏商两军在鸣条（在今山西城安邑镇北）之野相遇，展开了大会战。

会战开始之前，汤为了鼓动士气，召集了参加会战的商军和前来助商伐夏的诸侯、方国的军队，宣读了一篇伐夏的誓词，汤说："并不是我以臣伐君，犯上作乱，乃是由于夏王桀有许多罪恶，上天命我去诛伐他。大家都知道桀的罪在于他不顾我们稼穑之事，侵夺人民农事生产的成果，伤害了夏朝传统的政事。正如我听见大家所说的，桀之罪还不仅是和他的一些奸谀臣子侵夺人民的农事生产成果。为了他们淫逸享乐，还聚敛诸侯的财物，供他们挥霍。害得夏朝的人都不得安居。大家都一致地不与桀一条心，还指着太阳来咒

骂他何日灭亡，大家都愿同他一起亡。这已经是天怒人怨。桀的罪如此之多，上天命我征伐，我怕上天惩罚我，不敢不率领大家征伐他。大家辅助我，如果上帝要惩罚，由我一人去领受，而我将给大家很大的赏赐。你们不要不相信我的话，我决不食言。如果你们有不听我誓言的，我就要杀戮不赦，希望你们不要受罚！”

这就是《尚书》中的《汤誓》，这是一篇汤在“鸣条会战”前的动员令。

商军经汤动员以后，士气大振，都表示愿意与夏军决一死战。夏军士气低落，人有怨心。两军交战的那一天，正赶上大雷雨的天气，商军不避雷雨，勇敢奋战，夏军败退不止。夏桀见兵败不可收拾，就带领五百残兵向东逃到了三嵕（今山东定陶北）。三嵕是夏王朝的一个方国，三嵕伯见夏桀兵败逃来，立即陈兵布阵以保夏桀，并扬言要与汤决一死战。汤和伊尹见夏桀投奔三嵕，即挥师东进。商军和三嵕军在成耳（今山东汶上北）交战，结果商军打败三嵕军，杀了三嵕伯，夺取了三嵕伯的宝玉和财产。夏桀见三嵕又被汤所灭，仍旧带了那五百残部向南逃走。汤和伊尹率军紧追不放，夏桀逃到了南巢（今安徽寿县东南），商军追至南巢，夏桀又想从南巢逃跑，但是刚走到城门口就被商军捉住。

汤将夏桀流放在南巢的亭山，桀渭人曰：“吾悔不遂杀汤于夏台，使至此。”（《史记·夏本纪》）夏桀被监禁在南巢后非常气愤，对看管他的人说：“我很后悔，没有将汤在夏台杀掉，才落得如此下场。”商朝建立后的第三年，夏桀就忧愤病死在亭山。

汤和伊尹为了彻底消灭夏王朝的残余势力，又率军西进。因为韦、顾、昆吾和三嵕这样一些有势力而又忠于夏的方国都被商汤所灭，商军在西进的路上就未遇到大的抵抗，很快就占领了夏都斟（寻耳）。夏朝的亲贵大臣们都表示愿意臣照于汤。汤和伊尹安抚了夏朝的臣民后，就在斟（寻耳）举行了祭天的仪式，向夏朝的臣民们表示他们是按上天的意志来诛伐有罪的桀，夏后氏的“历数”（帝王相继的世数）已终。这就正式地宣告了夏王朝的灭亡。我国历史上的第一个奴隶制的王朝至此宣告结束。这一年大约是在公元前 1750 年至公元前 1700 年之间。商代后人歌颂他们开国之君商汤的功绩时说：“韦顾既伐，昆吾夏桀。“(《诗经·商颂·长发》）就是说，汤是先征伐韦、顾两国，然后才灭昆吾和夏桀。

汤和伊尹在夏王都告祭天地以后就率军回到了亳。这时期商的声威已达于四方，各地的诸侯、方伯以及大大小小的氏族、部落的酋长们部纷纷携带方物、贡品到亳来贺，表示臣服于汤。就连远居西方地区的氐人和羌人部落也都前来朝见。数月之间，就有“三千诸侯”大会于亳(《逸周书·殷祝》)。

四百多年前夏禹建国在涂山大会诸侯时，“执玉帛者万国”。经过四百多年的发展，这些上万的“诸侯”由于兼并、融合，到汤建国时，只有“三千诸侯”。但是这时商汤统治的地域远比夏禹时大。

汤对前来朝贺的诸侯皆以礼相待，汤自己也只居于诸侯之位，表示谦逊。“于是诸侯毕服，汤乃践天子位”(《史记·殷本纪》)。也就是在“三千诸侯”的拥护下，汤做了天子，告祭于天，宣告了商王朝的建立。

古书中把汤伐桀灭夏称作“汤武革命，顺乎天而应乎人”(《周易·革》)。“革”的本意是指皮革，兽皮去其毛而变更之意。“汤武革命”是说商汤变革夏王桀之命。“顺乎天”是上天的意志，所以是

顺天命。“应乎人”就是得人心的行动。商汤革命是我国奴隶社会中一个奴隶主的总代表革去另一个奴隶主总代表的命，虽革除了夏桀的暴虐，但仍然是奴隶主阶级的统治。所以后世人们又称为“贵族革命”。我国历史上的第二个奴隶制王朝，也就是在汤革了夏桀之命后建立起来了。

汤经过二十年的征伐战争，最后灭了夏王朝，统一了自夏朝末年以来纷乱的中原，控制了黄河中下游地区，其势力所及，远远超过了夏王朝。所以商代的后人称颂说：“昔有成汤，自彼氐羌，莫敢不来享，莫敢不来王，曰商是常。”（《诗经·商颂·殷武》）意思是说从前商汤的时候，连远在西方地区的氐人和羌人都不敢不来进贡和朝见，都说商汤是他们的君主。汤灭夏后奠定了商王朝疆域的基础。为了控制四方诸侯，防止夏遗民尤其是夏后氏的奴隶主贵族的反抗，汤和伊尹决定将处于东方地区的亳放弃，把王都迁到距原夏王都斟（寻耳）相近的西亳。西亳在现在的什么地方，学者各说不一，或说是在今河南洛阳偃师，也就是古书中所说的“尸乡”。

有关商汤的史书记载

商王朝的建立者，原为商族部落领袖。主癸之子。传说名履，又称成汤、武汤、武王、天乙。殷墟甲骨文称成或唐，亦称大乙。西周甲骨与金文称成唐。据史书记载，商族从始祖契到汤，曾先后迁居八次，至汤定居于亳。夏末自孔甲始，荒淫无度，力量渐衰，至桀时更甚。汤定居于亳，为灭夏之战创造了有利条件。汤初置二相，以伊尹、仲虺共同辅助国事，又陆续灭掉邻近的葛国 (今河南宁陵) 以及夏的联盟韦 (在今河南滑县)、顾 (在今河南范县)、昆吾 (在今河南许昌) 等部落、方国，十一征而无敌于天下，成为当时的强国，而后作《汤誓》伐夏。汤与桀大战于鸣条 (今河东安邑)，桀大败，逃至南巢 (在今安徽巢湖)，汤放桀而归于亳。此后三千诸侯大会，汤时为诸侯，被推为天子。三让，诸侯不从，于是汤即天子位，建立商。

汤建国后，鉴于夏朝灭亡的经验教训又作《汤诰》，要求其臣属"有功于民，勤力乃事"，否则就要"大罚殛汝"。对那些亡了国的夏民，则仍保留"夏社"，并封其后人。汤注意"以宽治民"，因此在他统治期间，阶级矛盾较为缓和，政权较为稳定，国力也日益强盛。《诗 . 商颂 . 殷武》称："昔有成汤，自彼氐羌，莫敢不来享，莫敢不来王，曰商是常。"十三年后，汤卒。因其长子太丁早殇，由次子外丙继王位。

商汤见伊尹

昔者汤将往见伊尹，令彭氏之子御。彭氏之子半道而问曰："君将何之？"汤曰："将往见伊尹。"彭氏之子曰："伊尹，天下之贱人也。若君欲见之，亦令召问焉，彼受赐矣！"汤曰："非汝所知也。今有药于此，食之，则耳加聪，目加明，则吾必说而强食之。今夫伊尹之于我国也，譬之良医善药也，而子不欲我见伊尹，是子不欲吾善也！"因下彭氏之子，不使御。

——《墨子·贵义喻》

商汤伐夏的起因

《易·革·彖辞》中有“汤武革命，顺乎天而应乎人”的名言。这里所说的“汤”，就是中国历史上第二个统治王朝的开基者——商汤天乙。他曾经领导商部族和其他反抗夏王朝残暴统治的同盟部族，运用战争的暴力手段，一举推翻垂死腐朽的夏王朝，建立起新的统治秩序。他的所作所为，客观上推动了历史的发展，符合人民的愿望，因此得到后人的肯定和赞扬。在这场革故鼎新的变革中，鸣条之战是其关键的一步。

商，是一个历史悠久的氏族部落，在漫长的发展过程中，它逐渐强盛起来，由夏的属国演变为足以与之抗衡的对手。商汤即位并迁徙部族统治中心到亳地（今河南商丘）后，即积极筹措攻夏立国的大计。当时，夏朝的统治者是桀。他骄侈淫逸，宠用佞臣，对民众及所属方国部落进行残酷的压榨奴役，引起普遍的憎恨与反对。民众愤慨地诅咒他：“时日曷丧？予偕汝皆亡！”这表明夏的统治风雨飘摇，已经走到了历史的尽头。

商汤的灭夏战略方针，就是在这样的历史背景下制定的。他首先在政治上采取了争取民众和与国的政策，开展了揭露夏桀暴政罪行的政治攻势，为战争的胜利奠定了政治基础。在军事战略上，他在贤臣伊尹、仲虺的有力辅佐下，巧妙谋划，“先为不可胜”，逐一翦除夏桀的羽翼，孤立夏后氏，最后一举攻克夏邑。

商汤鸣条之战的策划

具体地说，他实施了以下几个主要步骤。

第一，创造性开展“用间”活动。为了彻底察明夏桀的内部情况，商汤大胆派遣伊尹数次打入夏桀内部，充当间谍，掌握了夏王朝“上下相疾，民心积怨”的混乱状况。做到知彼知己，然后有针对性地实施自己的战略方针。

第二，先弱后强，由近及远，翦除夏桀羽翼，完成对其战略包围。当时夏王朝总体力量仍然大于商部族。在这种情况下，商汤不马上正面进攻夏王朝，而采取先弱后强、翦其羽翼的正确方针，为最后决战创造条件。他把第一个打击目标指向夏的属国葛，以替童子复仇的名义起兵灭葛。这不仅翦除了夏桀的一个羽翼，也还大大提高了政治威望。继而他又集中兵力逐次灭亡了韦、顾，并攻灭夏桀最后一个支柱，即实力较强的昆吾。这样商汤就完成了对夏桀的战略包围，打通了最后灭桀的道路。

第三，正确选择和把握决战时机。在完成对夏桀的战略包围后，商汤对最后决战仍持十分慎重的态度。几经试探和权衡方才做出决定。俗话道，“百足之虫，死而不僵”。立国近400年的夏王朝，即便已面临灭亡之时，但仍具有相当的实力。当商汤停止向夏桀纳贡以试探其反应时，夏桀即调动九夷之师，准备讨伐商汤。商汤视情马上“谢罪请服，复入职贡”，稳住夏桀，继续积蓄力量，等待时机。不久传来了夏桀诛杀重臣、众叛亲离的消息。商汤乃再行停止向夏桀的贡奉。这次，夏桀的指挥棒完全失灵了，九夷之师不起，有缗氏公开反抗。只有到此时，商汤方才认为伐桀的时机完全成熟，于是果断下令起兵。

商汤鸣条之战誓师

大约在公元前1766年，商汤正式兴兵伐夏。在战前他隆重举行了誓师活动，一一列举夏桀破坏生产、残酷盘剥压迫民众的罪行，申明自己是秉承天意征伐夏桀，目的是为了拯民于水火之中。商汤还宣布了严格的战场纪律。这番誓师，极大地振奋了士气。

商汤鸣条之战誓师词

原文：

王曰："格尔众庶，悉听朕言。非台小子，敢行称乱；有夏多罪，天命殛之。今尔有众，汝曰：'我后不恤我众，舍我穑事，而割正夏。'予惟闻汝众言；夏氏有罪，予畏上帝，不敢不正。今汝其曰：'夏罪其如台？'夏王率遏众力，率割夏邑，有众率怠弗协。曰：'时日曷丧？予及汝皆亡！'夏德若兹，今朕必往。尔尚辅予一人，致天之罚，予其大赉汝。尔无不信，朕不食言。尔不从誓言，予则孥戮汝，罔有攸赦。"

释义：

商汤激奋地说："来吧，诸位，你们都要听我的话，不是我小子大胆发动战争，是因为夏王犯了许多罪行，所以，上天才命令我上前讨伐它！

"现在，你们大家常说：我们的国王不太体贴我们了，把我们种庄稼的事儿都舍弃了。犯了这样大的错误，怎么可能纠正别人呢？我听到你们说的这些话，知道夏桀犯了许多罪行。我怕上天发怒，不敢不讨伐夏国！

"现在你们将要向我说：夏桀的罪行究竟怎么样呢？夏桀一直要

人民负担沉重的劳役，人民的力量都用完了，他还在残酷地剥削压迫人民，人民对夏桀的统治非常不满，大家都怠于奉上，对国君的态度很不友好，甚至要与夏桀一起去死！夏国的统治已经坏到这种程度，现在我下决心要去讨伐它！

“你们只要辅助我，奉行上天的命令讨伐夏国，我就要加倍地赏赐你们。你们不要不相信，我是决不会失信的！假若你们不听从我的话，我就要惩罚你们，让你们当奴隶，决不宽恕！”

商汤鸣条之战的战争过程：

战前誓师后，商汤简选良车70乘，“必死”6000人，联合各方国的军队，采取战略大迂回，绕道到夏都以西，出其不意，攻其无备，突袭夏都。夏桀仓促应战，西出拒汤，同商汤军队在鸣条（今河南洛阳附近）一带展开战略决战。在决战中，商汤军队奋勇作战，一举击败了夏桀的主力部队。夏桀败退归依于属国三朡（今山东定陶东一带）。商汤发扬速战速决、连续作战的作风，乘胜追击，攻灭了三朡。夏桀穷途末路，率少数残部仓皇逃奔南巢（今安徽省寿县南），不久病死在那里，夏王朝宣告灭亡。商汤回师景山，召开了众多诸侯参加的“景亳之命”大会，得到3000诸侯的拥护，取得了天下共主的地位。就这样，在夏王朝的废墟之上，一个新的强盛的统治王朝——商建立了起来。

商灭夏后，成为黄河流域的主要统治者，势力发展很快。尤其是前期政治状况较好，社会也比较稳定，经济、文化都有很大发展。标志这一文明的，是甲骨文字的相当成熟和青铜冶炼技术的相当进步。历时600余年后商朝灭亡，时间约在公元前11世纪。

商朝简介

商朝共三十主、十七世。由公元前1562年至公元前1066年（商朝的世系年代无定说，此为一家之说）。商的继统法，是采兄终弟及制，无弟然后传子。商汤的孙子太甲在位时无道，伊尹把他放逐而由自己摄政。三年，太甲悔过，又被迎归复位。他勤俭爱民，诸侯亲附，社会安定，被称为守成之主太宗。此后，一直到第九位天子太戊，是王朝巩固和发展的时期。在第八代商王雍已时，曾发生过有诸侯不朝的情况，太戊继位，在伊陟和巫咸的辅佐之下，殷道复兴，诸侯归附，太戊被称为中宗。

从第十位天子仲丁开始，商王室出现混乱。其后五代九王，多次发生废除嫡子而另立弟弟或庶子，以及弟弟、儿子争夺王位的权力斗争，并且多次迁都。先是帝河亶迁都于相，然后是帝祖乙迁都于邢。“九世之乱”造成了严重的社会问题，国力衰败，诸侯不朝，各种矛盾交错，危机四伏。盘庚为了挽救王朝的危机，将都城由邢邑迁至殷，并进行改革，推行成汤的政治，革除奢侈恶习，关心百姓，使局势得以安定，政治，经济，文化开始迅速发展，史称“盘庚迁殷”。第二十二代商王武丁自幼在乡间长大，了解民间疾苦和稼穑艰难。他从奴隶中慧眼提拔傅说为相，任人唯贤，大力改革政治，使贵族和平民都没有怨言，并多次出兵平定了土方、鬼方等游牧民

族的侵扰，大规模地对荆、楚用兵，商王朝的势力远及四方，发展到鼎盛。

自二十四代王祖甲以后，社会矛盾加剧，殷王朝逐渐出现衰乱的景象。第二十七代王武乙无道，以革囊盛血，仰而射之，名为射天。后来他在河间打猎时，遭电击而死。到第三十代王纣时，王权与贵族权势的斗争发展到了鼎点。纣王自持聪明，刚愎自用，文过饰非，淫虐无比，奢侈无度，醉生梦死，以酒为池，悬肉为林，作长夜之饮。纣王设炮烙之刑，大肆残杀王公贵族；滥施酷刑，加重聚敛，使得诸侯、贵族和小民都相与反叛。纣王在危机日益加深时，还大规模地对外围部族用兵，平定东夷，耗费大量的人力物力，更加速了商王朝的灭亡。西方的周人乘机发展起来，终于灭掉了殷商。

成汤代夏的历史意义

《易·革·彖辞》曰:“汤武革命，顺乎天而应乎人。”

商汤开以武力夺得天下的先例，使中华帝国以后的历史变得多彩多姿，打破了天子是不可变的定律，是中国政治史上的第一次改革。

他领导商部族和其他反抗夏王朝残暴统治的同盟部族，运用战争的暴力手段，一举推翻垂死腐朽的夏王朝，建立起新的统治秩序。他的所作所为，客观上推动了历史的发展，符合人民的愿望，因此得到后人的肯定和赞扬。

商汤“革命”是政治上的一项进步之举，鸣条之战则是我国军事历史上一篇辉煌的杰作。它是中国古代通过“伐谋”“伐交”“伐兵”“用间”的全面运用，最终达到战争速胜的最早的成功战例，对于后世战争的发展、军事理论的构筑，都产生过相当深远的影响。

商汤祈雨

在远古时代的中国，为生民祭天祈雨是巫师的主要职责之一，如果他久经努力而不见效果，则必须亲自升天与上苍交涉，也就是他将自己作为祈雨仪式的祭品，燔烧祭天。在夏商周三代及其以前，直到春秋时代，都是由朝廷或者部落中职位最高的巫师（或者国王）升天，春秋以后才慢慢改为燔烧地位较低的巫师或者残疾人。

商汤执政之初，中原地区连续五年大旱，人们理解为这是商汤征战夏族、杀伐天下、作孽造恶太多，得罪了上帝，祸及民人。在长久祈雨不得响应的情况下，商汤不得不决定由他本人出面与上帝（商人称最高神为上帝）谈判。民人堆好了燔祭的柴薪，让商汤安坐其上。商汤理好头发，剪掉指甲，隆重沐浴，虔敬祷告曰："我一个人有罪，不要连累万民。如果万民有罪，也是由我造成的，应该由我一个人承担。"他准备举火以祭上帝。这时突然风起云涌，大雨滂沱，万民欢腾，商汤因此得救。

关于这个故事，中国典籍多有记载。《吕氏春秋·顺民篇》云："汤克夏而正天下，天大旱，五年不收。汤乃以身祷于桑林，曰：'余一人有罪，无及万夫；万夫有罪，在余一人。无以一人之不敏，使上帝鬼神伤民之命。'于是翦其发，磨其手，以身为牺牲，用祈福于上帝。民乃甚悦，雨乃大至。"（陈奇（酋犬）校释《吕氏春秋校释》479页，学林出版社1995年出版。)《墨子·兼爱下》云："汤曰：'今天大旱，即当朕身履，未知得罪于上下有善不敢蔽，有罪不敢赦，简在帝心。万方有罪，即当朕身。朕身有罪，无及万方。'即此言汤贵为天子，富有天下，然且不惮以身为牺牲，以祠说于上帝鬼神，即此汤兼也。"

在这一仪式中，商汤既是政治领袖（国王），又是宗教领袖和文化人（祭司），还是牺牲（祸患和责任的承担者、奉送给神的祭品）。这种三位一体的身份使得他无论在制度上还是在心态上，都得真正以天下为己任。商汤的行为肯定不是他的创举，他不过是践履远古时代流传下来的一种习俗。这种习俗的力量是如此强大，即使他企图摆脱也无能为力。这种伟大的传统形成了一种伟大的约束力，他必须对天下的丰廉、安危和祸福负责——这才是国王和领袖的真正含义。

仁德为本

夏朝自禹至桀，相传400多年。夏桀是历史上有名的暴君，他和奴隶主贵族一道荼毒黎民，对奴隶的残害更重，并且大兴土木，为自己修建豪华宫殿，奢侈无度，百姓怨声载道。首领商汤精心治国，仁德待人，得到天下人的拥护，最后一呼百应，推翻了夏朝，建立了商朝。因为历史上把改朝换代看成是天命的变革，所以商汤伐夏被称为“商汤革命”。商汤革命成就了以仁德得天下的典范。

商汤，是几千年来人们尊崇的火神阏伯的13世孙，子姓，又名履、天乙，卜辞作唐、大乙、高祖乙，灭夏后又称成汤、武王、成唐或武汤。商汤的始祖是五帝之一的帝喾的儿子契。因契帮禹治水有功，舜帝命令他说：“现在老百姓们不相亲爱，父子、君臣、夫妇、长幼、朋友之间五伦关系不顺，你去担任司徒，认真地施行五伦教育。要本着宽厚的原则。”契领导的商部落在唐尧、虞舜、夏禹时代兴起，契为百姓做了许多事，功业昭著，百姓因而得以安定。商族兴起在黄河下游，相当于现在的河南、山东一带。到夏朝末年，商汤做了商的首领，都于亳（今商丘）。商汤施政宽和仁厚，革除以人祭天的陋习，布德施惠；致力于生产和经济的发展，并大力发展商业；对黎民轻赋薄敛，百姓亲附，令行天下。他说：“人照一照水就能看出自己的形貌，看一看民众就可以知道国家治理得好与不好。”

他认为自己信奉的是天的主张。

商汤在夏朝为方伯（一方诸侯之长），有权征讨邻近的诸侯。葛伯不顾祖上的优良传统，荒于祭祀，对民众严酷，不好好治理国家、抚育万民。商汤多次劝谏葛伯，葛伯不听，他便发兵征讨之。他对葛伯说："你们不能敬顺天命，我就要重重地惩罚你们，概不宽赦。"由于商汤能够勤政爱民，国力日益雄厚，势力逐渐由黄河下游发展到中游，势力渗透到夏的统治地区，并且与邻国亲和，建立了强大的部落联盟。此时商虽是夏的臣服国，客观上却具备了与夏对峙的实力。

敬重人才

作为一个贤明的君主，商汤礼贤下士，对人才非常敬重。他任用贤能不拘一格，不管谁身份贵贱，被他发现了，就会将其安置到一个合适的位置。有一个典型的例子可以说明。

他的妻子是有莘商氏之女，嫁他时带了一个陪嫁奴隶，名叫伊尹。开始，商汤不知伊尹是个什么样的人，便差他在厨房干活。殊不知伊尹不是一般人，不但很有学识，而且胸怀大志。伊尹得知商汤是一个贤德的国君，早就对他很佩服，有心跟着他成就一番事业，只愁没有机会。为了让商汤发现自己，开始他故意把饭菜做得很可口，商汤便知有了一个很好的厨师。但不久，商汤却发现做的饭菜有时咸有时淡，很不可口。商汤觉得奇怪，就把厨师唤到跟前责问他。

伊尹为有机会接近商汤而高兴，他说："我当然知道只有咸淡适中、五味调和，吃起来才有味道。你哪里知道，我就是想向你进谏而没有机会，才故意这样做，让你召见我的。一个君王就像一个做菜的厨师，施政要掌握得恰到好处，天下百姓才乐于接受你的政令。"接着便向商汤讲述了远古帝王及九类君主的所作所为，阐述了自己对治国理政的见解，建议商汤更好地实行王道，以得到民众的拥护为根基，发展自己的经济，壮大自己的力量。商汤一听，确实是真知灼见，于是大为惊奇，知道他是一个贤才，如此有心术，一定是有来历的。细问才知道，伊尹原来是个博学多闻的大学士，曾做过莘国国君女儿的宫廷教师，在莘国还没能等到机会展示自己的雄才，莘国便灭亡了。他想到商国来辅佐商汤，才甘愿以一个奴隶的身份，做了商汤妻子的陪嫁。

商汤为得到这样一个胸有大志、深通韬略的奇人而庆幸，认为在夏末这样一个衰败的时代，要济世救民，这可是一个极有用的人才。于是他就免除了伊尹的奴隶身份，任为右相。但他又觉得不妥：这样一个难得的人才，只让他做商国的右相，岂不是屈才？如果把他荐到夏桀身边去发挥作用，用他的才能改变夏桀的暴虐和荒淫，不是可以拯救整个天下吗？于是商汤便把伊尹推荐给了天子夏桀。但夏桀荒淫无道，只重用奸臣，以前多少贤才都被他驱逐了，哪里会重用伊尹？伊尹到夏桀那里后，因为不能施展才能而非常失望，对夏桀的无道十分憎恶，认为拯救天下的希望在商汤，于是就瞅机会离开夏桀，又回到了商汤的身边。商汤问他为什么回来，他便把夏桀施行暴政、荒淫无道、暴戾顽贪、天下颤恐而患之的状况向商汤说了。伊尹还向商汤诉说了自己离开夏桀重回商都的心志，劝说商汤好好治理国家，担当起拯救天下的重任。商汤忧惧天下不宁，便让伊尹做自己的助手，为成就拯救天下的大业，大大小小的事都找他商量。在伊尹的辅佐下，他亲贤乐士、仁政爱民、重视商业，更加勤于政务，更加受到民众的拥护与爱戴，政令通行，国力强盛。

一天，商汤外出游猎，看见郊野到处张着罗网，张网的人祝祷说："愿从天上飞的、地下走的、水里游的，都进入我的罗网！"商汤听了，心里很不是滋味，问他："你这样做，不是太贪婪、太残酷

了吗？”张网的人问他应该怎样做，商汤就让他把四面张开的罗网撤去三面说：“想往左边走的就往左边走，想向右边逃的就向右边逃。不知趣的，就进我的罗网吧。”张网人很敬佩他的仁德。此事很快被传开。诸侯听后，都很敬佩商汤，说：“商汤真是仁德到极点了，就连禽兽都受到了他的恩惠。”于是纷纷依附商部落。

商部落的日益强大引起了夏桀的顾忌。夏桀怀疑商汤默默发展商的实力是对他存有二心，想把商汤杀掉，但找不着理由。正好，夏桀手下有个忠臣叫关龙逢，多次劝说夏桀不要荒淫暴戾，一意孤行，否则会失去人心，丢掉江山。夏桀对他的话置若罔闻。耿耿丹心的关龙逢不肯就此作罢，有一次竟然当着众人的面劝谏夏桀。夏桀十分恼火，一怒之下把关龙逢杀了。对此，桀的臣子们谁也不敢表现出对关龙逢同情，更没人敢为关龙逢行祭。商汤得知消息，却不顾夏桀的淫威，立即派人带着祭礼，到京城哭祭关龙逢。夏桀震怒，正好以此为把柄，下令把商汤抓来，关押在了天牢里。伊尹见大事不好，立即想了个办法，将一些美女和许多珠宝进献给夏桀，说是商汤在被抓之前就安排好的，只是商汤没来得及进献就被抓了。夏桀听了伊尹的话，以为商国还是甘愿臣服于自己的，就把商汤释放了。商汤死里逃生，更增加了对夏桀的愤恨。同时，他在被囚禁的时期亲眼看到夏王朝已腐败透顶，便坚定了诛灭夏桀、拯救天下的决心。

商汤灭夏

商汤在国内对百姓更加爱护，以便在攻夏时得到国人的支持，听从他的号令。与此同时，他采取伊尹的建议，大造舆论，历数夏桀骄奢淫逸、倒行逆施的种种罪行，号召被夏朝统治的部落反叛夏朝，并派人去劝说那些受夏朝控制的小国叛夏归商。在此以前，商国不仅畜牧业发达，农业也发展起来了，国库中储藏了不少粮食。邻国发生灾难，商汤就主动救济。一些友邻的小国对商国感恩戴德，对夏朝早有不满，如今听了商国使者的劝解，便顺从了，一个以商国为首的联盟渐渐形成。但也有不听劝告的，如早已被民众不满、一意孤行的葛伯国，商汤就举兵伐之，将其灭掉。对夏朝的羽翼如韦、顾、昆吾等等实行各个击破，而对其部族中的某些人网开一面，促使他们改邪归正。如此，商汤美名远扬，成为众望所归的领袖，夏桀则逐渐陷于孤立。

商汤和伊尹想伐夏，然而对是否时机已到，心中仍没把握。伊尹便向商汤建议，停止朝贡夏朝，以试探桀的实力。桀见商停止了朝贡，便命令九夷族发兵征讨商。商汤和伊尹见桀还能调动九夷族的兵力，知道时机不到，就马上向桀请罪，恢复进贡，去掉了桀心中的芥蒂，赢得了等待时机的时间。一年后，九夷族忍受不了桀的残暴统治，纷纷叛离，使桀的力量大为减弱。商汤和伊尹见时机成

熟，就由商汤召集部众，出兵伐夏。战前，商汤举行誓师大会，历数桀的罪恶，说明自己是奉行上天的旨意伐夏的，极大地鼓舞了士气，进兵非常顺利。桀调集军队抵御，双方在鸣条（今河南封丘东）相遇，展开大决战。夏军士气低落，人有怨心。两军交战之时，正值大雨狂作，商军英勇奋战，夏军败退不止。最后，夏桀逃亡，商汤在南巢俘获了他，并把他放逐在此。商军占领夏都，正式宣告了夏王朝的灭亡，建立了商朝，定都于亳，历史上称“商汤革命”。自此，诸侯全都听命归服于商，推商汤为天子。商汤禅让，诸侯不允。商汤只得登上天子之位，很快平定了天下。

商汤班师回到国都亳，废除了夏的政令，作《汤诰》号令诸侯。商汤临政之后，修改了历法，把夏历的寅月为岁首改为丑月为岁首，又改变了器物服饰的颜色，崇尚白色，在白天举行朝会。同时，减轻征赋，鼓励生产，安抚民心，使国家逐渐富强，万民有了平安的日子。商汤受到天下人的拥护。此时的商王朝国势强大，众多小国、部族臣服于商王朝，纷纷到亳进贡朝拜。

商汤做部落首领 17 年，建立商朝称王 13 年后病逝。葬地据传有 6 处，说法最多的是在亳（今商丘市北面）。

夏桀不得人心，失去了天下；商汤人心归顺，得到了天下。于是便有了“失民心者失天下，得民心者得天下”这一成语。

成汤解网

商朝开国始祖成汤，是位仁德的贤君，为人处事，上体天心，下顺民意。有一天出游野外，看见猎人四面张布猎网，并向天祷告说：“从天空飞降，从地下出现，或从四方来的禽兽，都投入我的网里。”成汤见此情景，感叹地说：“猎人这样网罗捕捉，不只手段残酷，而且鸟兽势将绝种，有违上天的好生之德。”因此命除三面猎网，只留一面，改祝祷词说：“愿向左的，快往左逃，愿向右的，快往右逃，愿上飞的，速往上飞，愿下逃的，速向下逃。只有命该绝的，才入我的网中。”观成汤能以仁德普及禽兽，其伟大的精神，真值得永远歌颂赞美，只因人民积习已久，难以戒除不猎，因此倡导网去三面，尚留其一，猎捕命该绝的。以此方便教化世人，不可残杀物命，以减少罪业，用心良苦，确是一位仁民爱物的伟大贤君。

汤王山大事记

公元前 2140 年，大禹治水驻跸白家滩南禹驾沟。

公元前 1711 年商汤扎寨景山（汤王山）。

公元前 1066 年周始建汤王庙。

公元前 6 年王莽追刘秀于汤王山。

276 年（西晋咸宁二年）郭璞生。后遁入汤王山天然石窟读书，后人称此石窟曰郭璞窑或曰“郭璞书堂”。

627 年，唐王李世民战蔚迟恭于铁牛峪，并在兴国寺智旻僧处得“一釜饭万军”的宝砂锅。李世民建国后扩建汤王庙。如今尚有唐五指砖和唐大筒瓦。

1124 年（北宋宣和五年）宋人题字于汤王山盘龙峰。

1570 年（明隆庆三年）汤王山景龙峰岩刻建汤王庙记事。

1573 年（明万历元年）陕西乾县绅士陈一南赠“南天”石碑一通。

1662 年（清康熙年间）重建汤王庙。

1736 年（清乾隆年间）闻喜县令王瑞霖于汤王山巅大石崖上题“层峦耸翠”四字。

1831 年（清道光十年）修缮汤王庙。

1925 年（民国十三年）修缮汤王庙。《闻喜民国县志》古迹卷二十二载：乔庄乃汤陵地”。

1938 年 3 月 18 日，中共闻喜县委在汤王山木盆村秘密召开扩大会议，决定改编中条山自卫队为抗日游击队，下辖两个大队。闻喜抗日第一枪在此打响。

1941 年 5 月，中条山战役爆发，国民革命军第三军军部扎在汤王山。

1946 年，国民党胡宗南部攻进晋南解放区，闻喜县委将千余民兵拉上中条山，在中国共产党领导下，配合我正规军开展游击战。同年农历八月二十四日，闻喜民兵在石门杨户沟遭到胡宗南部袭击，损失惨重。

1947 年秋，县农会主席高自久等九位同志在汤王山遇害。

1958 年大炼钢铁时，将汤王庙风、雷、雨三公铁像打破回炉。

1985 年《实用汉字字典》第二次印刷，词条商：商母简狄，河东蒲州人。

1986 年，山西省考古队在垣曲古城发掘出商都，并由科学出版社出版《垣曲商城》一书，认为垣曲商城乃“汤始居亳”之“亳都”。中科院在石门乡玉坡村考察古铜矿认为，此矿“实为夏商所开”。

1998 年和 2005 年全国高考试卷题：“最早叫中国的地方是哪里？”正确答案是：“山西南部，史称尧舜禹建都的地方，今称运城。”

2002 年 9 月 21 日闻喜县成立汤王山开发委员会。

2007 年 6 月 26 日闻喜县人民政府县长李尧林实地考察汤王山。

2008 年 11 月，山西省人民政府授予白家滩为“山西省旅游

名村”。

2012 年 9 月 19 日，闻喜县人民政府县长张建元考察汤王山。

2013 年 5 月 2 日，闻喜县委书记张汪尤考察汤王山。

2017 年 4 月 14 日，闻喜县人民政府县长黄亚平考察汤王山。

后 记

2017年春，接到县委常委宣传部部长吴引群的一个电话，要我把白家滩范玉良关于汤王山故事的手稿整理出来。他说范老年近80了，晓得许多汤王山的故事和传说，这是县上开发汤王山的软件工程之一，并说这是一件带有“抢救性质的工作”，要我即日介入。

关于范玉良，我了解他。2002年夏，为宣传汤王山文化，政协副主席田水旺将我送到他家住了一个礼拜。他陪我上汤王山，下郭璞窑，过走马岭，到卧马滩，一路滔滔不绝，口若悬河，把汤王山讲得神秘而生动，许多情节带有文学创作的才气。游山当中又给我采来长在绿苔老树上的“汤山石茶”和藏在老林深处的“八月炸”及幽谷阴崖下极为罕见的黄药“黑驴蛋”，那做派就像《林海雪原》里的蘑菇老人一样神秘莫测且慷慨大方，一举一动都带着山里人的朴实、善良、厚道和原始的义气，能感觉到，他是汤王山的活地图、活历史、活文化、活化石，总之，他是个活宝贝。心想虽龄至80，但可不敢“那啥了”，要是“那啥了”那损失可就大了。部长的话正和我的心思碰头了，遂把部长的担心说与他。他听后哈哈大笑说汤王山一日不开发，我老范就硬挺着一日“不那啥”，我要亲眼看看这座宝山给闻喜人民带来的绿色收入究竟有多厉害。

几十年来，他陪过无数的党政领导、文化学者、僧道尼姑、各社会团体、各级电视台记者及拜山朝圣者游览汤王山，讲解汤王山，宣传汤王山，雪天也上山，雨天也上山，黑夜也上山，只要游山者有个“请”字，他可以不收秋、不割麦甚至不过年，陪你苦苦跋涉而不求报酬还贴米贴面，让游客白吃白住。这在“钱是爹”的今天，独成一道汤王山风景。我在县政协常委会上听到这样一句话，说闻喜大地上还有一块干净的地方，那就是汤王山；闻喜大地上还有一位天生丽质的美人，那就是范玉良。这话显然过分了，但从侧面反映出当今社会真正的“美人”是不多了，这话是他几十年为人为出来的美誉。不过，他那一眼就能看透的小农家舍，还能拿出多少贴头再去贴肥这句话？但他直到今天还在固守着像汤王山一样古老的山里人的那种独有的、不能与时俱进的处世底线。

他说一提起上汤王山，就浑身都是劲——他已经把自己融入汤王山，化进汤王山，和汤王山同呼吸、共命运了。几十年来，范玉良把他游山的体会和收集到的关于汤王山的故事都写在稿纸上，然后将这些“字纸”用红毛线或蓝毛钱一著，一共七本，封皮都用的是铜版纸的年画或挂历。那些稿纸大小不一，有“石门乡政府”和“运城军分区政治部”的；有“垣曲公路管理段”和“中条山林场”的；还有写在“订货合同”背面及“天王大补丸使用说明书”上的；也有写在“为人民健康而服务”的广告背面和纸烟盒及白西纸上的；有写在“横榆分户账”和“石门乡白家滩村党支部”稿纸上的；里面还夹着许多关于汤王山的报纸的“剪报”和一些木刻版《闻喜县志》乾隆、康熙、民国志的复印件，那复印质量又不高，黑黑的。这些纸大小不同、薄厚不一，为了节约用纸，有些正面写了又反面写。阅读时，碰上纸质厚一点的还好一点，碰上薄的就麻烦了，因为写在那边的字会透影到这边来——这些都直射出这位山里老人经济的拮据，那些字们又踢胳膊撂腿的，不按套路走，碰上“翼”“蜜”等多层体字就会越写越长，碰上“懈”“蝌”等多竖体字就会越写越宽，有些像喝醉酒一样走着走着就跌倒了——这些都叙说着这位白发老者为文的艰辛和不容易。这满篇的醉汉们给“整理”带来了一些麻烦，但为“美人”效劳，总觉得有一种能近其芳香的愉快感。不管咋说，总算是整理出来了，但难免不尽如人意，希望文士们长斧再修。吴引群部长可以放心了，也了却了范玉良的一头心事，他的这些故事和传说定能给汤王山的宣传和开发带来应有的正能量。

任育才记于峨嵋岭任村，时 2018 年立春日